Johannes Wilkes

Ich singe dir mit Herz und Mund

Bekannte Lieder und ihre Geschichte

Seite 17

W0233571

BRUNNEN
Verlag Giessen · Basel

Für Christian

2. Auflage 2013
1. Taschenbuchausgabe

© 2010 Brunnen Verlag Gießen
www.brunnen-verlag.de
Lektorat: Eva-Maria Busch
Umschlaggestaltung: Almut Schmidt
Umschlagmotiv: Shutterstock
Satz: DTP Brunnen
Druck: CPI – Ebner & Spiegel, Ulm
ISBN 978-3-7655-4203-9

Inhalt

Zu diesem Buch

Ihre Lieder kennen viele – die Dichter kaum jemand. Während jeden Sonn- und Feiertag in Deutschland die bekannten Kirchenlieder erklingen, treten die Verfasser meist hinter ihrem Werk zurück, ja manch einer ist gänzlich im Dunkel der Geschichte verschwunden. Wer waren diese Menschen? Was haben sie erlebt, was hat sie zu Dichtern gemacht?

Auffällig ist, dass gerade in Zeiten tiefster Not die ergreifendsten Lieder gedichtet worden sind, während der Schrecken des Dreißigjährigen Krieges etwa, aber auch während der Nazizeit. Wenn andere Menschen angesichts des Leids verstummten, so erlosch die Glaubenshoffnung der Dichter nicht. Dietrich Bonhoeffer ist ein Beispiel dafür, aber auch ein Mann wie Friedrich Spee, der sich mutig gegen die Hexenprozesse stellte.

Nicht alle Kirchenlieddichter können in diesem Buch Erwähnung finden. Manche wurden ausgewählt, weil sie stellvertretend für ihre Epoche stehen. Neben den Lebensschicksalen wird auch die Geschichte so manches bekannten und beliebten Liedes erzählt, denn auch Lieder besitzen ein höchst lebendiges Eigenleben.

Erfreulich ist, wie sehr die Ökumene im Bereich des geistlichen Liedes bereits verwirklicht ist. Die meisten Kirchenliedschreiber finden sich sowohl im Gotteslob (GL) wie auch im Evangelischen Gesangbuch (EG), den beiden großen kirchlichen Liederbüchern im deutschsprachigen Raum. Durch die Hinweise auf die Liednummern kann der Leser leicht die betreffenden Lieder in seinem Gesangbuch finden.

Johannes Wilkes

Friedrich Spee

WAS FÜR EINE ZEIT! Hat es jemals eine schlimmere gegeben? Welch fürchterlicher Krieg tobt in Deutschland, ein Krieg, den man einmal den „Dreißigjährigen" nennen wird. Kein Landstrich, der von ihm verschont bleibt. Elend und Armut, wohin man blickt. Hungersnöte, verbrannte Dörfer, zerstörte Städte. Die Vorräte geplündert von marodierenden Soldaten. Grausam ermordete Bauern, geschändete Frauen, entführte Kinder.

Wo ist Gott in dieser Zeit? Manch einer verzweifelt, zweifelt auch an seinem Glauben. Dabei ist der Streit um das wahre Christentum ein Grund für dieses schreckliche Treiben. Deutschland ist gespalten. Unversöhnlich stehen sich Katholiken und Lutheraner gegenüber. Je nach dem Glauben ihres regierenden Fürsten sind auch sie Partei, greifen zum Schwert, sterben für den Glauben, den sie für den echten halten. Und die Überlebenden drohen Krankheiten dahinzuraffen. Die Pest vor allem, der Schwarze Tod.

Ist es da verwunderlich, wenn die Menschen in ihrer Verzweiflung Sündenböcke suchen, wenn sie der Kummer in den Wahnsinn treibt, wenn sie höchst willig auf Scharlatane und falsche Einflüsterer hereinfallen? – Hexen! Hexen sollen schuld an ihrem Elend sein. Böse Frauen, die mit schlimmem Zauber Krankheiten und Unheil heraufbeschwören, die keine Gemeinheit auslassen, die mit bösen Blicken Unschuldige ins Verderben treiben. Hexen, Konkubinen des Teufels, der sie schlau benutzt, um sein infernalisches Werk zu vollenden, um endgültig Herrschaft über die Welt zu gewinnen. Hexen, natürlich gibt es sie, muss es sie geben. Denn beweist nicht das unvorstellbare Elend jeden Tag aufs Neue, dass der Teufel triumphiert?

Man verfolgte sie. Unbarmherzig. Die Katholiken genauso wie

die Lutheraner. Wenn sie auch sonst keine Gemeinsamkeiten mehr sehen wollen, in diesem Punkt ist man sich einig: Die Hexen gehören verfolgt, gehören verbrannt. Nur so ist man vor ihnen sicher. Gerechte Prozesse, lange Verhandlungen? Wozu? Auf den Scheiterhaufen mit ihnen! Und wenn sie leugnen, wenn sich keine Beweise finden? Dann wird das Geständnis aus ihnen herausgepresst. Durch die Folter. Unter den fürchterlichen Schmerzen der Streckbank hat schon manche Frau schnell zugegeben, was man ihr in den Mund gelegt hatte: dass sie mit dem Teufel verkehrt, die Pest verstreut, die Brunnen verzaubert hatte.

Wenn man die Daumenschrauben anzieht, wenn das Blut spritzt, gibt es kaum eine, die nicht gesteht. Doch bevor man sie auf den Scheiterhaufen bindet, zieht man die Schraube noch einmal fester: Wer noch? Wer ist beim letzten Hexentanz alles mit dabei gewesen, beim nächtlichen Ritt hinaus auf dem Besen? Wer noch? Dann muss die gefolterte Frau die Nachbarin verraten, die Freundin auch, die Schwester, die Base, muss die Namen hinausschreien, und die Folterknechte laufen entschlossen los, das nächste Opfer zu holen.

Köln, die größte Stadt im Reich, im Jahr 1627. Eine Näherin, eine einfache Frau, wird in wirrem Zustand im Kloster St. Clara am Römerturm aufgenommen. Den Nonnen erzählt sie, man habe den Teufel in sie hineinhexen wollen. Ein Glas Wein sei ihr gereicht worden, worauf sie von entsetzlichen Leibschmerzen gequält worden sei. Vergiftet habe man sie, heimtückisch zu morden versucht. Und die Täterin kenne sie genau: Die Patrizierin Katharina Henot sei an allem schuld!

Die Näherin schreibt einen Brief an den Rat der Stadt Köln, schreibt ihre Vorwürfe nieder. Eine Hexe sei diese Katharina Henot, das sei gewiss. Denn wer sonst wäre zu solch einer Tat fähig? Und auch die plötzliche Raupenplage im Klostergarten von St. Clara habe sie zu verantworten.

Als die Beschuldigte, eine angesehene, auffallend hübsche Frau, von den schlimmen Vorwürfen hört, sucht sie entsetzt Hilfe bei ihrem Bruder, einem Domherrn. Ihr Bruder wendet sich sofort an den Generalvikar und die kurfürstlichen Kommissare, setzt eine Verteidigungsschrift auf. Aber die Maschinerie ist schon ins Rollen gekommen.

Zunächst vernimmt der Generalvikar die junge Frau. Katharina Henot bestreitet alle Vorwürfe. Wie absurd ist das Ganze! Der Zaubertrunk, die Raupenplage und alles andere! Apfelzweige habe sie abgeschnitten, um damit nach Gold zu wünscheln! Man vernimmt sie ein zweites Mal, entrüstet weist sie alle Anschuldigungen von sich. Der Generalvikar berichtet dem Erzbischof vom Stand der Ermittlungen, dieser überweist den Fall an das Kölner Stadtgericht.

Katharina Henot wird festgenommen und in den Kerker gesteckt. Man rasiert ihren Körper völlig kahl – so ist es üblich, um den Körper nach einem Hexenmal absuchen zu können. Und eine Vorsichtsmaßnahme. Mit den Haaren soll dem Teufel die Macht genommen werden, damit die Hexe ihren Zauber nicht gegen die Richter und Folterknechte richten kann ... Innerhalb von zehn Tagen wird Katharina Henot mehrfach grauenvoll gefoltert. Niemand darf in dieser Zeit zu ihr, kein Verwandter, keine Freundin, kein Rechtsbeistand, ja noch nicht einmal ihr Beichtvater. Und obwohl sie bis zuletzt ihre Unschuld beteuert, wird sie schuldig gesprochen. Es ist der 19. Mai 1627, als man sie hinausfährt nach Melaten. Zum Scheiterhaufen.

Zwei Jahre später. Aufregung bei den Kölner Theologiestudenten. Und nicht nur bei diesen. In ganz Deutschland verbreitet sich das Buch, diskutiert man seine revolutionären Thesen. Tief gespalten sind die Meinungen. Nachdenklich, zustimmend äußern sich viele, ablehnend, feindlich ist die Haltung der anderen. Manche rufen nach Konsequenzen, fordern eine harte

Bestrafung. Wie kommt jemand dazu, sich zum Büttel der Zauberei zu machen? Gefährliche Hexen zu schützen? Wer ist es, wer hat dieses Buch geschrieben? Er muss mit dem Teufel im Bunde stehen!

Das Buch ist anonym erschienen, „Cautio criminalis" lautet sein Titel. Was dort zu lesen ist, prangert in nie gehörter Weise die Praxis der Hexenverfolgungen an. Auch auf den Fall der verbrannten Kölner Patrizierin Katharina Henot wird eingegangen:

Erst kürzlich hat man eine Angeklagte zum Flammentode geführt, die drei, ja vier, fünf Male gefoltert worden war. Mit lauter Stimme bestritt sie, schuldig zu sein, hielt das durch alle Folterqualen hindurch bis zum Richtplatz aufrecht und bestieg, nachdem sie es dort noch einem Notar erklärt hatte, den Scheiterhaufen …

Man darf niemanden verurteilen, dessen Schuld nicht unbedingt feststeht. Bei der „Hexe", von der ich eben sprach, war das aber nicht der Fall. Folglich durfte sie auch nicht verurteilt werden …

Klug legt der unbekannte Autor seine Gründe dar. Er wendet sich an alle Fürsten im Reich, greift die Hexenprozesse auf das Schärfste an. Insbesondere gegen die Folter wendet er sich, gegen die Methode, Geständnisse zu erpressen. Was ist denn ein Geständnis wert, das unter der Folter zustande kommt?

Auch dass man den Angeklagten keinen Verteidiger zur Seite stellt, beklagt der Autor mit eindringlichen Worten. Die Verteidigung müsse sogar in viel weiterem Umfang zugelassen werden als bei gewöhnlichen Verbrechen, verlangt er.

Seine Sprache ist klar und deutlich. Ja, der Autor bittet nicht. Er fordert, klagt an, benennt die Schuldigen. An der Spitze die Landesfürsten, die Verantwortlichen für die Gerichtsbarkeit. Ein mutiger Mann schreibt da, ein wortgewandter, kundiger Gelehrter. Der Unbekannte wählt drastische Beispiele, um die Verrücktheit der Hexenprozesse zu demonstrieren:

Was suchen wir so mühsam nach Zauberern? Hört auf mich, ihr Richter, ich will euch gleich zeigen, wo sie stecken. Auf, greift Kapuziner, Jesuiten, alle Ordenspersonen und foltert sie, und sie werden gestehen. Leugnen welche, so foltert sie drei-, viermal, sie werden schon bekennen. Bleiben sie immer noch verstockt, dann exorziert, schert ihnen die Haare vom Leib, sie schützen sich, der Teufel macht sie gefühllos. Fahrt nur fort, sie werden sich endlich doch ergeben müssen. Wollt ihr dann noch mehr, so packt Prälaten, Kanoniker, Kirchenlehrer, sie werden gestehen, denn wie sollen auch diese zarten, feinen Herren etwas aushalten? Wollt ihr immer noch mehr, dann will ich euch selbst foltern lassen und ihr dann mich. Ich werde nicht in Abrede stellen, was ihr gestanden habt. So sind wir schließlich alle Zauberer.

„Ja, recht hat er", rufen viele. Ein erstes Signal gegen den Hexenwahn ist gesetzt. Noch wird die Jagd fortgeführt, vielerorts aber ist man vorsichtiger geworden, verfolgt nicht mehr mit blindem Eifer jede Spur.

Langsam sickert durch, wer der Autor des mutigen Buches ist: ein Jesuitenmönch, der in Köln und Paderborn an den Hochschulen gelehrt hat. Aus einer angesehenen und reichen Familie stammt er, vom Rhein, aus Kaiserswerth. Dort auf dem elterlichen Schloss nahe Düsseldorf wurde er 1591 geboren. Friedrich Spee ist sein Name. Als junger Mann schon trat er in Trier dem Orden der Jesuiten bei. Gegen den Willen seines Vaters.

Der Traum des jungen Mönches ist es gewesen, in die Ferne zu gehen, nach Indien, um dort das Wort Gottes zu verkünden. Aber dann kam es anders. Gehorsam hat er gelobt, darum blieb er in Deutschland. Man erkannte sein großes Potenzial, förderte

ihn nach Kräften. In Würzburg absolvierte er ein Philosophie-
studium, schloss das Theologiestudium in Mainz mit der Priesterweihe ab. Danach ging er für drei Jahre als Dozent an die
Jesuiten-Hochschule nach Paderborn. In Speyer verbrachte er
schließlich das dritte Probejahr des Ordens.

Auch ein dunkles Kapitel gab es in seinem Leben. Als man
jemand brauchte, um die Gegenden der norddeutschen Stadt
Peine für den alten Glauben zurückzugewinnen, schickte man
Spee dorthin. Obwohl er unzufrieden war mit sich und dieser
Entscheidung, verfolgte er die evangelischen Christen, die nicht
katholisch werden wollten, mit großer Härte. Das Hab und
Gut, das viele auf der Flucht zurücklassen mussten, ließ er er-
barmungslos konfiszieren. Dem Hass, den er gegen sich selbst
heraufbeschwor, wäre er dabei fast zum Opfer gefallen. Bei einem Ritt zu einer ländlichen Gemeinde lauerte ihm jemand
auf und schoss zweimal, allerdings trafen die Kugeln nicht. An-
schließend verfolgte der Angreifer den fliehenden Jesuiten mit
gezücktem Säbel und verletzte ihn am Kopf. Nur mit viel Glück
überlebte Spee die Attacke.

Vom Herbst 1627 an lehrte Spee an den Kollegs in Köln und
Wesel. In Köln gab es eine Gruppe frommer Frauen, die sich
für neue Arten des Gebets und der Meditation interessierten.
Jede Woche schrieb Spee für sie einen kurzen geistlichen Be-
sinnungstext. Nach einem Jahr fasste er diese Texte zu einem
Buch zusammen. „Das güldene Tugendbuch" fand weite Verbreitung und höchste Anerkennung. Selbst der Philosoph Gott-
fried Wilhelm Leibniz geriet ins Staunen, berichtete, derglei-
chen noch nicht gelesen zu haben. Tiefe Religiosität paart sich
in den Texten mit hohem sprachlichem Talent.

Von den drei christlichen Tugenden handeln die Sprüche –
von Glaube, Liebe und Hoffnung. Am wichtigsten von den drei-
en aber ist dem jungen Jesuitenmönch die Liebe. Von ihr spricht
er wieder und wieder, in immer neuen Variationen. Mit großer

Innigkeit gelingt es ihm, die umfassende Macht der Liebe dar-
zustellen, denn durch die Liebe wird alles Trennende zwischen
Gott und dem Menschen aufgehoben (EG 32, GL 140):

In seine Lieb versenken
will ich mich ganz hinab,
mein Herz will ich ihm schenken
und alles was ich hab …

Ja, auch Kirchenlieder schreibt er, Lieder, deren kindliche Frömmigkeit und Bilderfülle die Menschen anrühren.

Als bekannt wird, dass Friedrich Spee der Autor der „Cautio
criminalis" ist, kommt im Orden große Unruhe auf. Strenge
Bestrafung, ja den Ausschluss aus der Ordensgemeinschaft fordern engstirnige Mitbrüder. Andere, die Spee mögen, versuchen
die Sache zu vertuschen. Das Manuskript stamme zwar von
Spee, das Buch sei jedoch ohne sein Wissen erschienen. So stellt
es auch Spee gegenüber dem General des Jesuitenordens in
Rom dar. Man will ihm gerne glauben, will ihn nicht verlieren,
belässt es mit einer Ermahnung, zumal man in dieser Zeit mit
ganz anderen Schwierigkeiten zu kämpfen hat …

Fast schon hatte es so ausgesehen, als wenn die katholische
Sache siegen sollte, da fanden die Evangelischen in dem schwe-
dischen König Gustav Adolf einen mächtigen Mitstreiter. Mit
seinem Heer setzte er über die Ostsee und eroberte in kürzester Zeit ganz Norddeutschland. In Köln, hinter den mächtigen,
noch nie gestürmten Mauern, suchen viele Zuflucht. Hier ver-
schanzen sich auch die Jesuiten. Köln ist neutral, Gustav Adolf
wird es nicht angreifen, so hofft man. Bald quillt die Stadt über
von Menschen.

Advent. Beginn des Kirchenjahres. In den zahllosen Kölner
Kirchen drängen sich die Gläubigen, singen voller Inbrunst ihre

Lieder. Die alten, aber besonders gerne auch die neuen, die nun erscheinen. Viele stammen aus der Feder des jungen Jesuitenpaters, sind von Friedrich Spee. Spee trifft das Glaubensgefühl der Menschen, er gibt ihrem Hoffen und Sehnen eine neue Sprache (EG 67, GL 105):

O Heiland, reiß die Himmel auf.
Herab, herab vom Himmel lauf.
Reiß ab vom Himmel Tor und Tür,
reiß ab, wo Schloss und Riegel für.

Es ist die Sehnsucht nach einer friedlichen, einer heilen Welt in dieser schrecklichen Zeit des Krieges. Immer wieder findet Spee Bilder, die er aus der Natur entlehnt, die dem Menschen die Liebe Gottes anschaulich, begreifbar machen. Aus dem Himmel soll der Heiland kommen, vom Himmel herab soll er laufen, wie der Leben spendende Tau soll er aus der Höhe herabfließen.

Aber Spee verliert sich nicht in fernen Himmelssphären, er vergisst die Erde nicht. Sie ist ihm genauso wichtig. Auch hier in dieser Welt, der geschundenen, blutgetränkten, ist Gottes Liebe zu finden:

O Erd, schlag aus, schlag aus, o Erd,
dass Berg und Tal grün alles werd.
O Erd, herfür dies Blümlein bring,
o Heiland, aus der Erden spring.

In dem bekannten Osterlied „Die ganze Welt, Herr Jesu Christ" (EG 110, GL 219) finden sich Strophen, die kaum einen christlichen Bezug zu haben scheinen. Und dennoch bringen sie der singenden Gemeinde das österliche Geheimnis des sich erneuernden Lebens nahe wie kaum ein anderes Osterlied:

Jetzt grünet, was nur grünen kann,
die Bäum' zu blühen fangen an.

Es singen jetzt die Vögel all,
jetzt singt und klingt die Nachtigall.

Der Sonnenschein jetzt kommt herein
und gibt der Welt ein' neuen Schein.

Blühende Bäume, grünende Wiesen, singende Vögel, hervorbrechende Sonnenstrahlen: die Natur in all ihren Erscheinungen. Überall ist das göttliche Wirken zu spüren, am stärksten im liebenden Menschen selbst.

Das Murren vieler Jesuiten über den beliebten Mitbruder wird leiser. Schon scheint Gras über die Sache mit der „Cautio criminalis" gewachsen zu sein. Das Buch ist nicht mehr erhältlich, alle Exemplare sind längst vergriffen. Spee scheint vernünftig geworden zu sein, denkt sich mancher, schreibt nun lieber Kirchenlieder und auch weltliche Lyrik, die er als „Trutz-Nachtigall", eine Sammlung von Barockgedichten, erscheinen lässt. Plötzlich jedoch ist die Unruhe wieder da. Empörung auf vielen Gesichtern: Eine zweite Auflage der „Cautio criminalis" ist erschienen. Schärfer noch, deutlicher ist die Kritik.

Nun reagiert der römische Ordensgeneral mit aller Härte. Gehorsam hat jeder Jesuit gelobt; dazu gehört auch, keine Werke ohne die Genehmigung des Ordens erscheinen zu lassen. Der General weist den Provinzial des Rheinlands an, Spee aus dem Jesuitenorden auszuschließen. Doch der Provinzial, ein höchst eigenständiger Mann und Bewunderer Spees, befolgt die Weisung nicht. Um Aufsehen zu vermeiden, schickt er den mutigen Kämpfer gegen die Hexenverfolgung nach Trier.

In Trier hat alles begonnen. Hier ist er mit 19 Jahren in den Orden eingetreten – würde er es ein zweites Mal tun? Nach all den Querelen? Ist er nicht ein zu eigenständiger Mann, ein zu origineller Denker, um sich in die Ordensdisziplin einzufügen? Was hindert ihn daran, aus dem Orden auszutreten? Man hat ihm ja noch nicht einmal die endgültigen Weihen gewährt, macht ihm nur Schwierigkeiten, hat ihn als Professor suspendiert.

Warum also bleibt er Jesuit? Mit seinem Verstand, mit dem elterlichen Vermögen wäre er unabhängig. Die Frauen lieben, verehren ihn, er könnte eine glänzende Rolle in der Welt spielen. – Wir erfahren seine Gründe nicht, erahnen sie nur.

Auch in der Gegend um Trier tobt der Krieg. In der Stadt, in den Hospitälern liegen die verwundeten Soldaten. Die Klöster haben es sich zur Aufgabe gemacht, ihnen zu helfen, so gut sie es mit den Mitteln der zur Verfügung stehenden Medizin vermögen. Zu den Verletzungen kommen Infektionskrankheiten. Die hygienischen Bedingungen sind mangelhaft. Das Wasser ist oft unsauber, Cholera und Ruhr schwächen die Kranken. Die größte Gefahr aber droht von der Pest, dem Schwarzen Tod.

Friedrich Spee bleibt nur noch wenig Zeit zu schreiben. Auch er kümmert sich um die Verletzten, zieht sie vom Schlachtfeld, pflegt sie, wechselt Verbände, schneidet faulendes Fleisch heraus, versucht, den Fiebernden Kühlung zu verschaffen, spricht ihnen Trost zu, spendet Sakramente, schließt den Toten die Augen. Und steckt sich selbst an. Bald ist sein ganzer Körper von Pestbeulen befallen, kein Mittel kann ihn heilen. Im Sommer 1635, am 7. August, stirbt er mit nur 44 Jahren.

Man verscharrt ihn hastig. Die Angst vor der Ansteckung ist groß. Erst Jahrhunderte später, im Jahr 1980, entdeckt man seine sterblichen Überreste, bettet sie in einen spätrömischen Steinsarkophag. Wenn man in der Trierer Jesuitenkirche in eine Gruft hinuntersteigt, kommt man an sein Grab: Friedrich Spee, barocker Dichter und mutiger Kämpfer gegen den Hexenwahn.

Dietrich Bonhoeffer –
Von guten Mächten wunderbar geborgen

Auszugsweise !

EIN BRIEF. ZU WEIHNACHTEN, zum Jahreswechsel 1944/45. Ein Brief an seine Braut, geschrieben aus dem Keller, aus dem Gefängnis. Gefangene sind sie alle – hier in Berlin, in ganz Deutschland. Umzingelt, eingekreist. Schlimmer aber noch: zu Geiseln gemacht von der eigenen Regierung, dem faschistischen System, von Adolf Hitler und seinen Schergen. *Oktober 1944*

Hier im dunklen Verlies in Berlin-Kreuzberg sitzt Dietrich Bonhoeffer seit Oktober, im Gestapo-Gefängnis in der Prinz-Albrecht-Straße. Er hätte fliehen können, rechtzeitig fliehen. Hinweise hatte es genug gegeben, aber er hat es nicht getan, aus Sorge um seine Familie. Sie wäre sonst in Sippenhaft genommen worden.

Was schreibt man seiner Braut in solch einer Lage, was seinen Eltern? Nicht nur er selbst sitzt im Gefängnis, auch sein Bruder Klaus, dazu zwei ihrer Schwäger. Sabine, seine Zwillingsschwester, ist wegen ihres jüdischen Mannes ins Ausland geflüchtet, ihr Bruder Walter gefallen. Täglich heulen die Sirenen, fallen Bomben auf die gemarterte Stadt. Was schreibt man da seinen Eltern, was seiner Braut zur Weihnacht?

Von guten Mächten treu und still umgeben,
behütet und getröstet wunderbar,
so will ich diese Tage mit euch leben
und mit euch gehen in ein neues Jahr.

Ein neues Jahr. Was soll da besser werden? Natürlich hätte man die Akten vernichten müssen. Sein Schwager Hans von Dohnany aber ist dagegen gewesen, andere auch. Die Akten seien wichtig, um den Freunden, den Alliierten später beweisen zu können, dass es einen Widerstand gegeben hat. Er, Dietrich Bonhoeffer, hatte sich für den Schredder ausgesprochen. Zu groß war die Gefahr, die Akten könnten sie verraten. Und tatsächlich ist es so gekommen. Zunächst hatte man ihnen keine Verwicklung in das Attentat vom 20. Juli nachweisen können. Nach dem Aktenfund in Zossen aber war jedes Leugnen zwecklos.

Was für ein fürchterliches Jahr liegt hinter ihm! Im Januar hatte er noch Hoffnung geschöpft und sich mit Maria verlobt. Er hatte an das Gelingen der Anschlagspläne geglaubt. Doch Hitler hatte Glück gehabt, unwahrscheinliches Glück! Nach den beiden misslungenen Anschlägen vom März rollte die Verhaftungswelle. Schnell fiel der Verdacht auf ihn, Dietrich Bonhoeffer. Man nahm ihn fest und ließ ihn ins Untersuchungsgefängnis nach Tegel bringen.

Die Anklage lautete: Wehrkraftzersetzung. Doch die Beweislage war dünn; ihn der Mitwisserschaft zu überführen, war kaum möglich. Seine Chancen auf Freilassung standen nicht schlecht. Schließlich hatte er einflussreiche Freunde. Aber nach dem Anschlag vom 20. Juli, nach dem Aktenfund von Zossen war alles anders. Und nun sitzt er hier im Keller des berüchtigten Hauptquartiers der Geheimen Staatspolizei. Was für ein Jahr! *1944*

Noch will das alte unsre Herzen quälen,
noch drückt uns böser Tage schwere Last.
Ach Herr, gib unsern aufgeschreckten Seelen
das Heil, für das du uns geschaffen hast.

Für das du uns geschaffen hast! – Dietrich Bonhoeffer ist 17 Jahre alt gewesen, als er sich dafür entschied, evangelischer Pfarrer zu werden. Seine Familie reagierte erstaunt. Sein Vater, einer der bekanntesten Ärzte Deutschlands, hatte wohl erwartet, dass auch sein Sohn Dietrich eine naturwissenschaftliche Laufbahn einschlagen würde. Aber man legte ihm keine Steine in den Weg. So ist Bonhoeffer 1923 zunächst nach Tübingen, später nach Rom und zum Abschluss des Studiums zurück nach Berlin gegangen. Hier lebte seine Familie seit 1912, seit dem Umzug aus Breslau, wo er 1906 geboren wurde.

Seine Professoren hatten Freude an dem eifrigen Studenten. Bereits mit 21 Jahren promovierte Bonhoeffer. „Sanctorum Communio", die Gemeinschaft der Heiligen, war sein Thema. Nach dem Ablegen des Ersten theologischen Examens ging er zum Vikariat nach Barcelona. Eine verrückte Zeit. Die deutsche Gemeinde dort bestand aus allerlei Abenteurern und geflüchteten, dubiosen Gestalten. Bei den Beichten bekam er allerhand zu hören.

Das Ausland sollte ihn noch öfters reizen. Zunächst jedoch setzte er seine wissenschaftliche Karriere in Berlin fort. Mit gerade mal 24 Jahren wurde er 1930 zum Professor der Theologie ernannt. Eine steile, vielversprechende Karriere. Niemand hätte sich vorstellen können, dass er im Gefängnis enden wird, dass man ihn brechen, ihm seinen Glauben, seine Überzeugung, ihm sein Leben nehmen will.

Und reichst du uns den schweren Kelch, den bittern
des Leids, gefüllt bis an den höchsten Rand,
so nehmen wir ihn dankbar ohne Zittern
aus deiner guten und geliebten Hand.

Aus deiner guten und geliebten Hand! Den bitteren Kelch! Was das bedeutet, ist Bonhoeffer klar. In jeder Konsequenz. Man wird ihn nicht mehr laufen lassen, wird ihn aufhängen. Hätte er doch fliehen sollen? Nach dem Aktenfund von Zossen? Aus dem Untersuchungsgefängnis wäre er herausgekommen. Durch seine engen Verbindungen bis hinauf in die Spitze der Wehrmacht wäre das gelungen. Welche Freiheiten hatte man ihm in Tegel gewährt! Die Haftzeit dort war paradiesisch gewesen gegenüber dem Gestapo-Verlies hier. Ja, er hätte fliehen können!

Aber was wäre dann mit seiner Familie passiert? Es gab genug Beispiele, wie sich die Nazis in solchen Fällen zu rächen pflegten. Und noch ein anderer Grund, ein tieferer, hatte ihn von der Flucht abgehalten. War Jesus denn geflüchtet? Damals im Garten von Gethsemane? Als er in schrecklicher Einsamkeit seine Verhaftung, seinen Tod vorhergesehen hatte? Als er voller Angst gebetet hatte: „Vater, lass diesen Kelch an mir vorübergehen"? Den schweren, den bitteren Kelch, bis zum Rand gefüllt mit Gift? Ja, auch Jesus hatte sich gefürchtet, hatte Todesängste ausgestanden. Aber war er darum geflüchtet? Nein! „Nicht mein Wille, sondern dein Wille geschehe", hatte Jesus gebetet. Und da sollte er, Dietrich Bonhoeffer, feige fliehen?

Doch willst du uns noch einmal Freude schenken
an dieser Welt und ihrer Sonne Glanz,
dann wolln wir des Vergangenen gedenken,
und dann gehört dir unser Leben ganz.

Des Vergangenen gedenken! Ja, wie viel Freude ist ihm doch geschenkt worden, dafür will er dankbar sein. Für die vielen Freunde in der ganzen Welt, die Jungen aus dem Berliner Arbeiterviertel, denen er Konfirmandenunterricht erteilt hat, einen Konfirmationsunterricht der besonderen Art, denen er Englisch und Schach beigebracht hat, denen er Stoff für die Anzüge zu Weihnachten schenkte. Dankbar für die Jugendstube für arbeitslose Jugendliche, die die Nazis unter dem Vorwand kommunistischer Umtrieb wieder schlossen. Dankbar für seine Studenten, mit denen er hinaus in ihre Herberge nach Biesenthal gezogen ist, dankbar für das geheime Predigerseminar in Finkenwalde, das er nach Entzug seiner Lehrerlaubnis leitete, für die Arbeit im Untergrund. Für die Freude am Klavierspiel, an einer Zigarette, an einem guten Glas Wein. Für all das will er dankbar sein, besonders aber für die Liebe zu Maria, seiner jungen Verlobten! Ob er sie je wiedersehen wird?

Lass warm und hell die Kerzen heute flammen,
die du in unsere Dunkelheit gebracht,
führ, wenn es sein kann, wieder uns zusammen.
Wir wissen es, dein Licht scheint in der Nacht.

Dein Licht scheint in der Nacht: Die Nacht, das ist auch ein Teil seiner Kirche. Dies ist wohl die bitterste Erkenntnis der letzten Jahre gewesen. Dass seine eigenen Glaubensbrüder sie verraten, sie im Stich gelassen haben. Die offizielle Kirche, die bereit gewesen ist, so schnell bereit gewesen ist, das Alte Testament wegzuwerfen, die jüdischen Wurzeln zu kappen, die Beschlüsse gefasst hat, christliche Priester nicht-arischer Herkunft aus der Kirche zu verbannen, den Eid auf den Führer von jedem Jungpfarrer zu verlangen, sich in seine Arme zu werfen. In der Barmer Erklärung haben sie dagegen angekämpft; sie, die Gläubigen der Bekennenden Kirche, haben Zeichen gesetzt für ein wahres Christentum, für den Frieden und die Versöhnung der Völker.

Am 1. Februar 1933 hatte er einen Rundfunkvortrag gehalten über die Wandlungen des Führerbegriffs: „Lässt der Führer sich dazu hinreißen – und der Geführte wird das immer von ihm erhoffen –, dann gleitet das Bild des Führers über in das des Verführers …" Da hatte jemand den Knopf gedrückt und die Übertragung abgebrochen. Mitten in seinem Text. Die neuen Machthaber hatten verstanden. Der Kirchenkampf begann.

Zusammen mit Martin Niemöller hatte Bonhoeffer den Pfarrernotbund zum Schutze bedrohter Amtsbrüder jüdischer Herkunft gegründet. In all den schlimmen Jahren bemühte er sich um Verständigung und Menschlichkeit. Noch 1942 traf er sich heimlich mit seinem englischen Freund George Bell, dem

Bischof von Chichester, um im Auftrag der deutschen Opposition Friedenspläne für Europa zu diskutieren …

Ja, wenn es einen Trost gibt in dieser Zeit, dann den, dass mit dem Zusammenbrechen des Naziregimes die vielen Freunde weltweit beim Aufbau Deutschlands helfen werden. Dessen ist sich Bonhoeffer gewiss. Ihre Stimme glaubt er zu hören, auch wenn er hier im dunklen Keller sitzen muss.

Wenn sich die Stille nun tief um uns breitet,
so lass uns hören jenen vollen Klang
der Welt, die unsichtbar sich um uns weitet,
all deiner Kinder hohen Lobgesang.

Wenige Wochen später, am 7. Februar 1945, wird Dietrich Bonhoeffer ins KZ Buchenwald verlegt. Dort wird ihm der Prozess gemacht. Ein Prozess ohne Verteidigung, ohne Zeugen. Ein SS-Gericht. Prozessakten liegen nicht vor, sie sind alle bei einem Bombenangriff auf Berlin verbrannt. Dennoch wird ein Urteil gefällt, nach der persönlichen Weisung des Führers: Schuldig! Schuldig in allen Punkten. Tod durch den Strang.

Man bringt Bonhoeffer und die verurteilten Mithäftlinge nach Bayern, ins KZ Flossenbürg. Dort werden die Gefangenen zur Belustigung der SS-Leute gezwungen, sich nackt auszuziehen. Frierend werden sie zum Galgen geführt, Bonhoeffer spricht ein letztes Gebet. In der Morgendämmerung des 9. April 1945, eine Woche nach dem Osterfest, wird Dietrich Bonhoeffer gehängt.

Mit gerade mal 39 Jahren

Von guten Mächten wunderbar geborgen,
erwarten wir getrost, was kommen mag.
Gott ist mit uns am Abend und am Morgen
und ganz gewiss an jedem neuen Tag.

Das war Dietrich Bonhoeffer 1 Mann, kein Jude

(EG 65 und 637 sowie in zahlreichen Diözesanteilen des GL)

Es wurden aber durch die Verführer tausende Machthaber

ermordet. (Siehe Seite 33)

Angelus Silesius

WEIHNACHTEN 1624. IN DER lutherischen Kirche St. Maria Magdalena der zu jener Zeit deutschen Stadt Breslau wird ein Kind getauft: ein Junge, der Erstgeborene. Die Mutter ist eine zarte, etwas nervöse junge Frau. Der Vater könnte auch der Großvater des Kindes sein; weit über sechzig ist er schon. Pole von Geburt, lebt er erst seit wenigen Jahren in Breslau.

In seiner Heimatstadt Krakau ist er ein angesehener Mann gewesen, wegen Tapferkeit im Krieg hatte ihn der polnische König Sigismund III. sogar in den Adelsstand erhoben. Dennoch hatte er sich zur Ausreise entschlossen. Warum? Weil er sich als evangelischer Christ in seiner Heimat nicht mehr wohlgefühlt hat. Trotz des Toleranzediktes. Es war eine Zeit, in der man wegen seines Glaubens seine Heimat verließ. Freiwillig oder gezwungenermaßen.

„Johannes" nennen sie ihr Kind. Als Johannes Scheffler wird er im Kirchenbuch eingetragen. Der Vater hat seinen polnischen Namen eindeutschen lassen. Ohne wirtschaftliche Sorgen lebt die Familie, denn der Vater hat ein hübsches Vermögen mit nach Breslau gebracht, das er in verschiedenen Häusern gut angelegt hat. Neue Freunde hat er gefunden, Patrizier, nicht zuletzt durch seine Heirat mit einer Breslauerin. Maria war nach dem Tod ihres ersten Mannes, eines Arztes, plötzlich allein dagestanden. Zukunftsängste mögen sie gequält haben, und so nahm sie den Antrag des vierzig Jahre älteren Polen an. Dieser kann recht gesellig und liebenswürdig sein, aber manchmal geht der Gaul mit ihm durch. Packt ihn der Zorn, kann er heftig reagieren, maßlos. Eine junge Frau, die mit dem Tod ihres Vaters zu seiner Schuldnerin wurde, verfolgt er so unbarmherzig, dass der Rat ihm zwar zu seinem Recht verhilft, zugleich jedoch in scharfem Ton seine unbeherrschte Art rügt. Liebenswürdig und unbeherrscht – wie geht das zusammen?

Der Vater stirbt und bald darauf die junge Mutter, Johannes wird zum Waisen. Mit vierzehn Jahren, wenn ein Kind nach Liebe dürstet, nach Anerkennung. Plötzlich verlassen zu werden. Allein zu sein, mutterseelenallein. Sehen zu müssen, wo man bleibt.

Gewiss, eine Pflegefamilie findet sich und auch für die Ausbildung wird gesorgt. Das Breslauer Gymnasium hat einen guten Ruf. Es mangelt nicht an äußeren Hilfen. Was aber mag im Inneren des sensiblen Jungen vorgegangen sein? Wie mag er den so frühen Tod seiner Eltern empfunden haben?

Wie mag ihm zumute gewesen sein, als man bei den Beerdigungen von Gottes unerforschlichem Ratschluss sprach, davon, dass er es war, der allzeit gnädige, allzeit gütige Gott, der nach dem Vater auch die geliebte Mutter zu sich gerufen hat? Ins kalte Grab. Was mag in dem Jungen vorgegangen sein? Ob es nur Trauer war? Oder ob sich noch etwas anderes mit hineingemischt hat? Es würde uns nicht wundern, wenn er mit seinem Schicksal gehadert, wenn er Zorn und Wut empfunden hätte. Wie ungerecht, so früh verlassen zu werden! Da soll man nicht wütend werden? O ja, Johannes besaß eine tiefe Fähigkeit, wütend zu werden. Eine Wut, wie sie auch dem Vater zu eigen war.

Auf wen setzt man seine Hoffnung, wenn man seine Eltern verloren hat? Zu wem entwickelt man Vertrauen? Manche Lehrer vom St.-Elisabeth-Gymnasium werden dem verwaisten Knaben zu Freunden. Einer vor allem, Christoph Köler, ein Lehrer für Poetik und Rhetorik. Ihn bewundert Johannes, ihn liebt er, ihm widmet er seine ersten Gedichte. Auf Lateinisch müht er sich ab, sucht nach den richtigen Reimen. So wie es sich für einen Gymnasiasten gehört.

Köler begeistert Johannes für die neue Dichtung. Er ist mit Martin Opitz befreundet, einem der bedeutendsten Dichter der

Zeit. Barocke Gedichte, Gedichte in der Nachfolge der Schäferlyrik Virgils. Wenn Köler die Gedichte vorträgt, leuchten Johannes' Augen. Und ein Wunsch steigt in ihm auf: Wenn er doch auch so dichten könnte!

Mit neunzehn Jahren verlässt Johannes Scheffler Breslau. Zum Medizinstudium geht er nach Straßburg, um wie der Vater seiner Mutter Arzt zu werden. Auch Köler hatte hier in Straßburg einst studiert und ihm Empfehlungsschreiben mitgegeben, damit er gleich Anschluss findet. Neben dem Medizinstudium soll Scheffler auch das Staatswesen studieren, das hat Köler ihm nahegelegt. Wie der Organismus des Menschen im Kleinen, so funktioniere der Staat im Großen. Alles müsse im rechten Verhältnis stehen, sonst entwickelten sich ungesunde Zustände.

Der junge Scheffler folgt dem Rat seines Lehrers, allerdings beginnen ihn die Vorlesungen in Politik und Geschichte bald zu langweilen. Aber auch die Medizin macht ihm keine rechte Freude. Hier in Straßburg scheint man nicht auf dem neuesten Stand zu sein. So wechselt er nach nur einem Jahr die Universität. Er geht ins Zentrum der modernen Wissenschaft Europas: nach Leiden.

Nirgendwo ist die Medizin fortschrittlicher als in dieser kleinen niederländischen Stadt. Die Professoren pflegen einen anderen Stil, stellen den Kranken und die Untersuchung desselben in den Vordergrund, nicht die langweilige, graue Theorie. Unterricht am Krankenbett statt im Hörsaal. Das gefällt dem jungen Scheffler viel besser. Überhaupt ist Leiden eine anregende Stadt, offen und vielfältig.

Hier in den Niederlanden wird Toleranz großgeschrieben. Man hat sich abgekehrt von der mittelalterlichen Vorstellung, Staat und Religion müssten eins sein. Vorsichtig hat sich der Staat emanzipiert, duldet viele Glaubensrichtungen nebeneinander. Vielleicht auch durch den Einfluss des weisen Erasmus. Auch wenn die vorherrschende Kirche der Reformierten viele

Privilegien besitzt, können Lutheraner, Katholiken und Juden friedlich miteinander leben. Selbst sektiererische Gruppen wie die Täufer werden geduldet. Sie lehnen radikal alle Dogmatik ab, träumen vom Gottesstaat hier auf Erden. In kleinen Zirkeln treffen sie sich, jeder Gast ist willkommen.

Auch zu ihnen geht Scheffler, lauscht gebannt ihren begeisterten Reden. Ekstatisch, kompromisslos leben sie ihren Glauben. Aber ist eben dies nicht ein Zeichen, dass sie auf dem richtigen Weg sind? Dass sie es ernst nehmen, radikal ernst mit der Nachfolge Christi? Erscheinen die etablierten Kirchen nicht entsetzlich lau dagegen? Selbstgefällig und verkopft? Auch wenn er weiterhin die Predigtgottesdienste der lutherischen Kirche besucht – eine erste Verunsicherung hat Scheffler verspürt.

25. September 1647. Erneut schreibt sich Johannes Scheffler in eine Immatrikulationsliste ein. Sein neuer Studienort aber unterscheidet sich gewaltig von den bisherigen. Scheffler ist nach Italien gegangen, nach Padua. Keine überraschende Wahl. In Padua zu studieren, ist Tradition bei den schlesischen Studenten. Hier an der altehrwürdigen Universität will Scheffler sein Examen machen.

Bereits nach einem halben Jahr ist es so weit. Er promoviert in Medizin und Philosophie, bekommt die Doktorwürde verliehen. Das Überraschende aber ist: Er bleibt in Padua, fast noch ein ganzes Jahr nach dem Studium. Warum er blieb und wie sein Leben dort verlief, wissen wir nicht. Wir können es nur vermuten, erschließen es aus späteren Lebenszeugnissen.

Erstaunt und verwundert wird der junge Doktor gewesen sein. Was hat man ihm nicht alles für Gräuelgeschichten über die katholische Kirche erzählt! Und nun erlebt er in dem durch und durch katholischen Italien etwas völlig anderes. Sinnenfreude, aufwendige Messinszenierungen, Weihrauchduft, Prozessionen voller Gesang und Inbrunst, Bilderfülle und Heiligenverehrungen. Was für ein Gegensatz zu der nüchternen Predigerkirche!

Volk und Glauben durchdringen sich, sind nicht voneinander zu trennen. Segnungen der Felder, der Ernte, der Kranken und Toten: Der Kultus nimmt Anteil am Alltag der Menschen, insbesondere durch die Spendung der Sakramente. Geburt, Heirat, Tod – die Sakramente begleiten die menschlichen Schicksalsstunden, verstärken sie, heiligen sie, stellen sie in eine höhere Ordnung.

Das farbenfrohe Italien ist für den fantasievollen Scheffler ein Fest für die Augen. Und doch scheint es so, als müsse er sich in manchen Stunden von dem schönen Bild losreißen. Als würde ihm der Glanz zu viel. Als sei ihm das Flüchtige aller irdischen Schönheit suspekt. Denn der Glanz der weltlichen Dinge, so schön er auch ist, braucht immer die Oberfläche, dringt nicht tiefer in sie ein.

Einem Freund schreibt er in sein Stammbuch: „Die Welt ist ein ungemein schönes Nichts!" Ein Nichts, aber eben ein ungemein schönes!

Zurück in seiner schlesischen Heimat. Scheffler wird Leibarzt bei Herzog Silvius Nimrod zu Württemberg-Oels, einem streng lutherischen Fürsten. Oels ist eines der vielen kleinen Provinzfürstentümer in Deutschland.

Leibarzt, keine schlechte Position. Übermäßig viel Arbeit wartet nicht auf ihn, und so kann Scheffler sich weiter in das Literaturstudium vertiefen. Eine Gattung hat es ihm besonders angetan: die Mystik. Bei Autoren wie Meister Eckart oder Johannes vom Kreuz brennt sein Herz. Hier scheint er sie zu finden, die Antwort auf eine seiner wichtigsten Fragen. Wo ist Gott? Wo ist er zu finden?

Die landläufig gepredigte Trennung zwischen Himmel und Erde erscheint ihm immer suspekter, unglaubwürdiger. Dass Gott in irgendeiner weiten Ferne lokalisiert wird, an einem Ort jenseits der sinnlichen Welt, über den Wolken, hinter dem blauen Äther, widerspricht seinem Empfinden. Er spürte es schon bei den Täufern in Leiden, spürte es noch deutlicher bei seinen Wanderungen auf den Anhöhen Paduas, spürt es immer klarer und deutlicher, dass Gott nur an einem einzigen Ort zu suchen ist. Nur an einem einzigen Ort im ganzen Universum. Und finden wir diesen Ort leer und verlassen, so ist jede weitere Suche vergebens. Wo sich dieser Ort befindet? In uns selbst! Es ist unser Herz. Ist Gott nicht dort zu Hause, so ist er nirgendwo. Seit dem Studium der Mystiker kennt Johannes Scheffler diese geheime Stelle.

„Und wäre Jesus tausendmal in Bethlehem geboren und nicht in dir, du wärest ewiglich verloren!", dichtet er. Das ist es! Darum geht es: dass man Platz schafft für Jesus in sich selbst. Dass man Gott annimmt und damit zu sich selber findet. Zum wahren Seelenfrieden.

Nicht nur die älteren Mystiker haben das erkannt. Auch in der Zeit Schefflers, der Zeit des schrecklichen Dreißigjährigen Krieges, der gottlosen Zeit, finden sich Menschen, die genauso denken, genauso fühlen. Einer davon wird sein Freund: Abraham von Franckenberg. In seinen Dichtungen werden die alten Mystiker neu geboren. In modernem Gewand, in barocker Sprache. In Rätseln und scheinbaren Paradoxien spricht er die tiefsten Glaubensweisheiten aus.

Wie sehr bewundert Scheffler den bekannten Theosophen! Franckenbergs Sprache wird ihm zum Vorbild. Auf seine Anregung hin fertigt Scheffler Abschriften aus den Büchern der Mystiker, sammelt und vergleicht. Eine Anthologie entsteht, Texte voller poetischer Geheimnisse, Geheimnisse der Liebe Jesu Christi, seiner aufopfernden, allgegenwärtigen, auch in den kleinsten Dingen wirkenden Liebe. Kein dickes Werk, nur eine Auswahl schönster Gedichte und Gedanken.

Franckenberg ermuntert ihn, das Büchlein drucken zu lassen. Doch der Oelser Hofprediger, ein staubtrockener Mann, gibt seine Erlaubnis nicht, verweigert die Druckgenehmigung. Verdächtig erscheint ihm dieses Werk. Lauter Autoren der alten Kirche, spekulative Spinnereien, kein einziges kernig-deutsches Lutherwort! Nein, so etwas darf in Oels nicht erscheinen.

Wieder spürt Scheffler, wie der Zorn in ihm hochsteigt. Als auch noch sein Freund Franckenberg stirbt, zieht er die Konsequenz und kündigt. Er hat die Nase voll von höfischer Ignoranz und allen Hofpredigern dieser Welt, geht zurück in seine Heimatstadt, nach Breslau, will hier als einfacher Arzt arbeiten, genau wie früher sein Großvater. In Breslau atmet er wieder freier.

Es ist das Jahr 1652, achtunddreißig Jahre ist Scheffler nun. Die Zeit scheint ihm reif, eine weitere Konsequenz zu ziehen. Und so bekennt sich Johannes Scheffler in der Stiftskirche St. Matthias zu Breslau am 12. Juni 1653 zum römisch-katholischen Glauben. Öffentlich und voller Stolz. Als äußeres Zeichen für diesen Schritt nimmt er beim Empfang der Firmung den Namen Angelus an. Nach Johannes de Angelus, einem spanischen Mystiker, von dessen Schriften er sich besonders hat faszinieren lassen.

Der Konfessionswechsel sorgt für gewaltige Aufregung. Viele evangelische Christen sind entsetzt. „Verrat!", rufen sie. In der Zeit blutiger Religionskriege liegen die Nerven blank. Da wird eine solche Entscheidung nicht als Privatsache gewertet, sondern als Dolchstoß gegen das Luthertum. Man beschimpft, verhöhnt den Dichter. Und dieser schlägt gereizt zurück. Hart und mit spitzer Feder schreibt Scheffler eine Rechtfertigungsschrift, benennt seine Gründe, verletzt durch seine Unnachgiebigkeit und die scharfe Wortwahl bewusst die Gemüter seiner ehemaligen Glaubensbrüder und -schwestern. Ja, seine Kritik macht auch vor dem großen Reformator nicht halt, einen Luzifer nennt Scheffler ihn, der statt des himmlischen Lichts der Welt nur höllische Finsternis gebracht habe.

Scheffler hat den Fehdehandschuh aufgenommen. Mit einer

Entschlossenheit, wie man sie vielleicht nur bei Konvertiten findet, stellt er sich für die schlesische Gegenreformation zur Verfügung. Eine Streitschrift nach der anderen entsteht. Selbst den Einfall der Türken lastet er der Reformation an. Ein Zeichen Gottes sei diese Plage, eifert er.

Scheffler wird schnell über die Grenzen Schlesiens hinaus bekannt. Als Dank für seinen Einsatz für die Gegenreformation lobt ihn Kaiser Ferdinand III. persönlich, ernennt ihn gar zu seinem Hofarzt. Aber nicht nur Pamphlete entwirft Scheffler, auch die Poesie schmiedet er zur Waffe um. Ein Lied zeugt noch heute von seiner Kampfeslust. In so manchem Gottesdienst wird es – zum Glück heute mit völlig anderer Intention – gesungen: „Mir nach, spricht Christus unser Held" (EG 385, GL 616). In der dritten Strophe heißt es:

Fällt's euch zu schwer? Ich geh voran,
ich steh euch an der Seite.
Ich kämpfe selbst, ich brech die Bahn,
bin alles in dem Streite.
Ein böser Knecht, der still kann stehn,
sieht er voran den Feldherrn gehn.

Streit, Feldherr, brechende Bahnen: Wenig Innerlichkeit, wenig Mystik ist hier zu finden. Kampf und Äußerlichkeit bestimmen Schefflers Denken und Handeln in diesem Lebensabschnitt. Die Nachfolge Christi will er so wörtlich wie möglich nehmen. 1661 wird er zum Priester geweiht. Auf Wallfahrten und Prozessionen ist er nun vorne mit dabei, ekstasetrunken, mit einer brennenden Fackel in der Linken, einem Kruzifix in der Rechten, einer dornigen Krone auf dem Haupt.

Und doch ist das nur die eine Seite seines Wesens. In stillen Momenten, wenn Eifer und religiöse Trunkenheit von ihm weichen, findet er zurück zu seiner eigentlichen Größe, schreibt

seine später so berühmt gewordenen Verse nieder – kurze Epi-
gramme, Zweizeiler, gereimte Alexandriner, tief empfundene
Gedanken, die zu den bedeutendsten Werken des deutschen
Barocks zählen:

Das Licht der Herrlichkeit scheint mitten in der Nacht.
Wer kann es sehn? Ein Herz, das Augen hat und wacht.

Wie ein Engel Gottes – ein Cherub – auf dem Weg zur göttlichen Erleuchtung kommt er sich vor, darum gibt er seinem
Buch den Titel „Der cherubinische Wandersmann". 1657 wird es
veröffentlicht und findet in vielen Auflagen weite Verbreitung.

Halt an, wo läufst du hin? Der Himmel ist in dir:
Suchst du Gott anderswo, du fehlst ihn für und für.

1666 zieht Scheffler ins Stift St. Matthias, lebt dort zurückgezogen, arbeitet als Arzt für Arme, ohne ein Honorar zu verlangen.
Nach und nach verschenkt er sein Vermögen, kümmert sich um
die Ausbildung von Waisenkindern, von denen es so viele gibt in
dieser kriegerischen Zeit.

   Sich selbst verordnet er strengste Askese, schwächt seinen Körper gefährlich, verlangt ihm viel, gar Unmenschliches ab. Als
ihn eine Krankheit befällt, ist er zu schwach, sich dagegen zu
wehren. Mit 52 Jahren stirbt Scheffler am 9. Juli 1677. Er wird
in der Breslauer Matthiaskirche beigesetzt: Angelus Silesius, der
„schlesische Bote".

Das beliebteste Lied

WAS IST IHR PERSÖNLICHES Lieblingslied? Auf welches Kirchenlied möchten Sie nicht verzichten? Welches, glauben Sie, ist das beliebteste Lied unserer Gesangbücher?

Hitparaden scheinen der profanen Musik vorbehalten zu sein. Allwöchentlich wird auf den verschiedenen Radiostationen der Sieger ermittelt, streiten sich Stars und Sternchen um den schnell welkenden Lorbeerkranz der Popmusik. In der Welt der Sakralmusik erscheint so ein Ranking ungewöhnlich, manchem wohl auch unpassend. Dennoch darf die Frage erlaubt sein, welche unserer Kirchenlieder sich besonderer Beliebtheit erfreuen. Im Zeitalter des Internets ist es nun tatsächlich auch möglich, die Top-Ten zu bestimmen. Jedenfalls für das Evangelische Gesangbuch. Die Zusammenstellung ist vielleicht nur eine Momentaufnahme, aber auch als solche nicht uninteressant.

Auffällig ist, dass sich unter den vier beliebtesten Liedern gleich drei Dankeslieder befinden. Ein durchaus erfreuliches Resultat, wird uns doch manchmal vorgeworfen, an Gott nur in tristen Momenten zu denken und das Lob zu oft zu vergessen. Doch Sie sollen nicht auf die Folter gespannt werden, hier sind die zehn beliebtesten Lieder des Evangelischen Gesangbuchs in aufsteigender Reihenfolge[*]:

Platz 10: Befiehl du deine Wege (Paul Gerhardt)
Platz 9: Meine Zeit steht in deinen Händen (Peter Strauch)
Platz 8: Laudato si (nach Franz von Assisi)
Platz 7: Stern über Bethlehem (Alfred Hans Zöller)

---

[*] Quelle: www.gesangbuch-online.de/top10

(Platz 6:) Von guten Mächten treu und still umgeben
        (Dietrich Bonhoeffer)
Platz 5: Ins Wasser fällt ein Stein (Manfred Siebald)
Platz 4: Großer Gott, wir loben dich (Ignaz Franz)
Platz 3: Lobe den Herren, den mächtigen König der Ehren
        (Joachim Neander)
Platz 2: Herr, deine Liebe ist wie Gras und Ufer
        (Ernst Hansen)
Platz 1: Danke für diesen Guten Morgen

Und der Sieger ist … Nein, so einfach soll es Ihnen nicht verraten werden. Machen wir ein kleines Rätsel daraus! Ein paar
Tipps können Ihnen helfen: Das Lied auf Platz Nummer 1 ist
ein modernes Lied, ein Lied, das sich auch in katholischen
Messfeiern großer Beliebtheit erfreut, sich in vielen Anhängen
findet, ein Lied, das auch zur Gitarrenbegleitung gesungen werden kann.

Der Text mutet schlicht an, ein Dankeslied, das aufzählt, wofür wir Gott alles danken können, danken sollten, ein vertontes
Dankgebet, verständlich für Alt und Jung. Ein Lied, das ohne
tiefschürfende theologische Weisheiten auskommt, ohne große
poetische Bilder. Das aber gerade aufgrund seiner Schlichtheit
von großer Eindringlichkeit ist, das es schafft, den Dank immer
an den Anfang zu setzen, womit es wiederum doch eine tiefe
religiöse Wahrheit ausdrückt. Denn ist es nicht unsere wichtigste
Aufgabe, das Selbstverständliche nicht zu selbstverständlich als
selbstverständlich zu nehmen? Staunen zu können über manche Alltäglichkeit? Das Leben in allen seinen alltäglichen Facetten bewusst wahrzunehmen, sich darüber zu freuen, wie schön
diese Welt ist? Achtsam zu sein für manches kleine Glück, für
alles Frohe und Helle?

Dafür danken zu können, bedeutet das nicht, ein großes Ja
zu sprechen? Zu Gottes Schöpfung, der belebten und unbelebten Natur, zur Musik, zu jedem guten Morgen, zu jedem neuen

Tag? – Hoppla! Jetzt wissen Sie natürlich, um welches Lied es sich handelt! Es stammt von Martin Gotthard Schneider, der als Komponist und Kantor in Freiburg wirkt. Martin Schneider erhielt für sein inzwischen in mehr als fünfundzwanzig Sprachen übersetztes Lied im Jahr 1961 den ersten Preis im Liederwettbewerb der Evangelischen Akademie Tutzing:

Danke für diesen guten Morgen,
danke für jeden neuen Tag.
Danke, dass ich all meine Sorgen
auf dich werfen mag.

Danke für alle guten Freunde,
danke, o Herr, für jedermann.
Danke, wenn auch dem größten Feinde
ich verzeihen kann.

Danke für meine Arbeitsstelle,
danke für jedes kleine Glück.
Danke für alles Frohe, Helle
und für die Musik.

Danke für manche Traurigkeiten,
danke für jedes gute Wort.
Danke, dass deine Hand mich leiten
will an jedem Ort.

Danke, dein Heil kennt keine Schranken,
danke, ich halt mich fest daran.
Danke, ach Herr, ich will dir danken,
dass ich danken kann.

(EG 334)

Maria Luise Thurmair-Mumelter

Lauter Männernamen, bei den Komponisten wie bei den Dichtern. Sie dominieren das Evangelische Gesangbuch genauso wie das Gotteslob. Dass das letztere dennoch eine starke weibliche Note besitzt, ist einer einzigen Frau zu verdanken. Jedes zehnte Lied im Gotteslob stammt von ihr: Maria Luise Thurmair-Mumelter. Wer war diese Frau?

Im Rücken die Alpen. Den Blick hinunter Richtung Italien. Hier in Bozen, der Hauptstadt Südtirols, kommt Maria Luise 1912 zur Welt. Es ist Ende September, die Zeit der Weinernte, wenn die noch kräftigen Strahlen der Herbstsonne die Hügel warm aufleuchten lassen. Die Tiroler sind lustig, heißt es. Richtig, sie singen und tanzen gerne, pflegen mit Freude ihre vielen Bräuche, deren Rhythmus das Kirchenjahr bestimmt. In diese Welt wird Maria Luise hineingeboren, wächst auf in der lebendigen Freude der vielen Volksbräuche. Die Musik spielt dabei eine wichtige Rolle. Keine Familie, in der nicht musiziert wird, so auch im Hause Mumelter.

Den Namen Mumelter kennt hier jeder. Der Vater der kleinen Maria Luise ist nicht irgendwer. Er ist Politiker, gewählter Bezirkshauptmann in Bozen. Die Liebe zu seiner Südtiroler Heimat hat ihn dazu bewogen, sich zu engagieren. Er besitzt das Vertrauen der Menschen. Oft aber erlebt ihn die heranwachsende Tochter ernst und angespannt. Hat er die heitere Tiroler Art denn nicht geerbt? Es sind die Sorgen um die Zukunft des Landes, die schwer auf ihm lasten.

Als Maria Luise ihre ersten Sätze spricht, bricht der Erste Weltkrieg aus. Südtirol wird zum Spielball europäischer Machtpolitik. Vier Jahre tobt der Krieg. Mit der Niederlage des mit Deutschland verbündeten Österreichs fällt Südtirol an Italien.

So hatten es die Siegermächte schon früh in einem Geheimvertrag ausgemacht. Als Lohn für Italiens Kriegseintritt. Ganz Tirol südlich des Alpenhauptkamms wird italienisch.

Die Armee rückt ein. Die Südtiroler protestieren, Bezirkshauptmann Mumelter an ihrer Spitze. Der politische Druck aber ist so groß, dass ihm keine andere Wahl bleibt. Er muss fort, fort von Bozen, fort von Südtirol, und flieht mit seiner Familie über den Brenner, über die Alpen, nach Innsbruck. Von dort will er weiterkämpfen. Seine Heimat wird er, kann er nie vergessen.

Kinder tun sich leichter damit. Sechs Jahre ist Maria Luise nun und Innsbruck wird ihr schnell zur neuen Heimat. Hier besucht sie die Schule, findet neue Freundinnen, wächst heran, eine kluge und sehr musikalische Schülerin. Glänzend besteht sie 1930 ihre Matura, schreibt sich an der Universität ein. Eine Hochschule mit Tradition. Im Jahr 1669 ist sie gegründet worden, entstanden aus einer Jesuitenschule. Überall im Lande blühten evangelische Hochschulen auf, da wollte der damalige Papst Innozenz XI. ein katholisches Bollwerk zwischen Deutschland und Italien errichten. Hier studiert Maria Luise Philosophie – unter lauter Männern. Es ist noch nicht lange her, dass man Frauen überhaupt zum Studium zugelassen hat. Da ist es nicht leicht, sich als Studentin durchzusetzen. Man steht unter besonderer Beobachtung.

31. März 1932. Ihr Vater tritt eine schwere Fahrt an. Zusammen mit zwei Südtiroler Freunden fährt er nach München. Sie sind in großer Sorge um die Zukunft ihrer Heimat. In Italien herrscht der Faschismus, der seine Pranke ungeniert nach Südtirol ausstreckt. Die verbliebenen Tiroler Familien würden dadurch den letzten Rest an Eigenständigkeit verlieren, vermutlich würde man sie sogar vertreiben. Ohne Schutzmacht wird Südtirol vollends an Italien fallen, befürchten die drei. Dann wird auch die in Jahrhunderten gewachsene Kultur und Sprache verschwinden.

In Deutschland ist nun eine politische Macht erstarkt, die sich mit den Faschisten aufs Beste versteht: die Nationalsozialisten. Adolf Hitler schaut sich viel bei Mussolini ab, nimmt ihn sich zum Vorbild. Was wird passieren, wenn Hitler an die Macht kommt? Wird er als Erstes Südtirol opfern? Als Geschenk an seinen italienischen Freund? Alles sieht danach aus. Mumelter ist klar, sie müssen versuchen zu retten, was noch zu retten ist.

Nur auf heftiges Drängen haben sie einen Termin bei Hitler bekommen. Sie treffen ihn in München, im Braunen Haus. Die Nationalsozialisten sollen eine Garantie für Südtirol abgeben, verlangen die Tiroler, sie sollen auf die Verbrüderungen mit den italienischen Faschisten, den faschistischen Gruß verzichten. Hitler lässt ihr Anliegen kalt. Was kümmert ihn eine Handvoll Südtiroler? Er hat größere Pläne. Enttäuscht und desillusioniert kehrt der ehemalige Bezirkshauptmann mit seinen Freunden nach Innsbruck zurück.

Maria Luise interessiert sich nicht nur für die Philosophie. Sie besucht auch gerne andere Vorlesungen, besonders die des Theologen Josef Andreas Jungmann. Der junge Jesuitenpater liest über Liturgik, über neue Möglichkeiten der Gottesdienstgestaltung. Es ist die Zeit der aufbrechenden Jugendbewegung. Man zieht aus den Städten hinaus, bewundert aufs Neue die Natur, sehnt sich nach dem einfachen Leben, dichtet und singt neue Lieder, die diesem Lebensgefühl entsprechen. Auch in der Kirche, in den Messfeiern, so Pater Jungmann, ist es an der Zeit, neue Lieder erklingen zu lassen. So schön die alten auch sein mögen – jede neue Generation braucht ihre eigenen Lieder, sagt auch der Salzburger Exeget Josef Dillersberger.

Bei der jungen Studentin fallen diese Worte auf fruchtbaren Boden. Hat sie nicht schon manches Lied gedichtet? Man ermutigt sie, damit weiterzumachen. So fängt sie nun an, etwas Neues zu schreiben. Kirchenlieder. Noch fehlt ihr allerdings die Zeit. Eine andere, eine größere Arbeit liegt vor ihr. Die junge Frau will sich nicht auf den Magister beschränken, sondern möchte noch promovieren.

Verschiedene Themen diskutiert sie mit ihrem Doktorvater. Dann entscheidet sie sich für eine Arbeit über eine besondere Frau. Irene von Byzanz heißt sie, eine Frau zwischen den Welten. Sie lebte im 4. Jahrhundert, als die christliche Kirche zerrissen war in Westrom und Ostrom. Umso größer war die Überraschung, als sich die junge Irene von Byzanz mit Philipp, dem Sohn Friedrich Barbarossas, vermählte. Eine Chance tat sich auf, die Chance auf Versöhnung zweier Welten, auf eine Annäherung der Kirchen. Eine frühe Form der Ökumene. Das Leben von Irene aber verlief tragisch. Ihr Hoffen und ihr Scheitern stellt Maria Luise in ihrer Arbeit dar. Eine Promotion an der philosophischen Fakultät ist immer noch die große Ausnahme; eine Frau, der dies gelingt, eine kleine Sensation.

Ganz Österreich wird für eine Volksabstimmung zu den Wahlurnen gerufen. Das Ergebnis ist vorhersehbar: Österreich beendet seine Souveränität, schließt sich Deutschland an, Groß-Deutschland, Nazi-Deutschland. Frau Dr. Maria Mumelter wird Reichsdeutsche wider Willen.

Nachdem sie die Doktorarbeit abgeschlossen hat, bleibt ihr wieder mehr Zeit. Oft trifft sie sich mit Gleichgesinnten – jungen Leuten aus dem ganzen deutschen Sprachraum. Aus Mitgliedern der Jugendbewegung wird eine liturgische Bewegung. Es scheint ihnen selbstverständlich, dass auch die Kirche und ihre Gottesdienste erneuert werden müssen, dass man nicht ersticken darf in überholten Traditionen. Sonst wird die Kirche ihre Lebendigkeit, ihre Überzeugungskraft, wird sie die Jugend verlieren.

Heiß diskutiert man über das Tempo, das man einschlagen will, und über den Weg, wie eine Verbindung von Altem und Neuem geschaffen werden kann. Maria Luise Mumelter liebt diese Treffen. Das gemeinsame Musizieren fast noch mehr als die Diskussionen.

Wie kann man in dieser Zeit, in der Nazi-Deutschland zum Krieg rüstet, Kirchenlieder dichten? Wie kann man in einer Zeit, in der jüdische Menschen und Oppositionelle in Konzentrationslagern verschwinden, über neue Formen der Liturgik diskutieren? Für die jungen begeisterten Christen ist das kein Widerspruch. Im Gegenteil! Das, was die Nazis wollen, ist doch gerade, alle christlichen Glaubensgrundsätze zu bekämpfen – die Solidarität, die Nächstenliebe, das Mitleid mit den Behinderten und Schwachen. Die Hybris der Nazis besteht doch darin, sich zur neuen Religion zu stilisieren, den Glauben an Gott durch den Glauben an die Rasse, an den Übermenschen, den Führer, zu ersetzen. Da stört und hemmt der christliche Glaube, der als schwache Mitleidsreligion abgetan wird.

Die Freunde sind sich einig: Ihre Treffen und Pläne sind wichtig, überlebenswichtig. Ein neu erschienenes Buch macht unter ihnen die Runde, das ihnen neuen Mut gibt. „Kirchenlied" lautet sein schlichter Titel. Rasch wird es zum Gesangbuch der katholischen Jugendbewegung. Auch Maria Luise Mumelter gefallen die neuen Lieder. Gerne blättert sie darin. Wer sind die Herausgeber? Georg Thurmair heißt einer von ihnen.

September 1939. „Von jetzt an wird zurückgeschossen!" Mit dieser Lüge beginnt der Krieg. Bald schon ist klar, dass wieder ein Weltkrieg daraus wird. Die Arbeit der liturgischen Bewegung wird schwieriger, aber entschlossen machen die Freunde weiter. Besonders freut sich die junge Frau Doktor, als sie Georg kennenlernt, Georg Thurmair aus München, den mutigen Herausgeber des „Kirchenlieds". Er ist als verantwortlicher Redakteur am Düsseldorfer Jugendhaus tätig gewesen, gab Jugendzeitschriften heraus, die im ganzen Land gelesen wurden. Manchmal gelingt es ihnen, einen Spaziergang zu machen, alleine, ohne die anderen.

Georg ist nicht nur Redakteur, sondern auch Dichter und Schriftsteller. Maria Luise ist etwas nervös, ihm ihre eigenen Gedichte zu zeigen. Doch ihre Sorge ist unbegründet. Georg gefällt ihre natürliche Art zu schreiben auf Anhieb. Auch um die Politik drehen sich ihre Gespräche – zwangsläufig. Seitdem die Nazis an der Regierung sind, haben sie es geschafft, die ganze Presse zu kontrollieren. Ein Dorn im Auge war ihnen auch das Düsseldorfer Jugendhaus, der Hauptsitz der katholischen Jugendverbände mit ihren Zeitschriften.

Zunächst beschränkten sich die Nazis auf die Zensur. Als dennoch Artikel erschienen, die ihnen nicht passten, ließen sie die Zeitschriften kurzerhand verbieten. Georg Thurmair, der Redakteur, versuchte es mit einem Kniff, ließ unter neuem Gewand und neuem Titel weiterdrucken, nannte die Zeitschrift „Michael". Ein Jahr ging das gut, dann wurde auch dieses Blatt verboten.

Zwei Jahre später, 1938, machten die Nazis das Jugendhaus endgültig zu und setzten alle Mitarbeiter auf die Straße. Auch Georg Thurmair ist seit der Schließung des Jugendhauses arbeitslos. Er schreibt nun Bücher und verdingt sich als freier Lektor. Und er verliebt sich. Da kommt der Einberufungsbefehl. Georg wird Soldat.

Ein junges, verliebtes Paar. Die junge Frau auf dem Schwarzweißfoto, ein Mädchen noch, hat dunkle Haare und wache Augen. Verliebt und ein wenig keck lächelt sie den jungen Mann an, der neben ihr steht. Er trägt einen hellen Anzug, weißes Hemd mit dunkler Krawatte. Die Haare sind über den Ohren rasiert, so wie es für einen Wehrmachtssoldaten Vorschrift ist. Er sieht sehr glücklich aus, erwidert herzlich das Lächeln seiner Braut. 1941 – eine Kriegsheirat. In aller Eile bei einem kurzen Fronturlaub. Nichts Ungewöhnliches in diesen Jahren. Ein Zeichen der Hoffnung und der Zuversicht. Man will sich seinen Lebensplan nicht zerstören lassen, trotz des unsinnigen Krieges, trotz des Unrechtregimes, will zeigen, dass man zusammengehört.

Zeit für eine Hochzeitsreise bleibt den beiden nicht. Georg muss zurück nach Russland, zurück an die Front. Sie versprechen sich zu schreiben, soof: es geht, wollen es in ihrer Sprache tun. Nicht allein in Prosa, sondern auch in Gedichten. Ein quälender Gedanke bedrängt sie. Ob sie sich wiedersehen werden?

Er:
Wie hab ich diese dunkle Nacht
so lichterloh an dich gedacht
in meiner dumpfen Höhle;
wie sandte ich die Sehnsucht aus
weit in die stumme Welt hinaus
mit meiner ganzen Seele.

Sie:
Wie kann das nur geschehen,
dass Luft und Land und Meer
der Lieb entgegenstehen
und sie mit Fesseln schwer
und Hemmnissen behängen,
dass sie also gebannt
nicht kann zum Liebsten drängen
bis in das ferne Land?

Ein Dialog entsteht. Eine Zwiesprache in Versen. Liebesgespräche im Krieg, so nennen sie die Sammlung. Als der Nordwestdeutsche Rundfunk sie 1950 in seiner Sonntagmorgensendung ausstrahlt, ist das Echo überwältigend. Die Menschen an den Radios sind tief ergriffen, kaum etwas hat sie jemals so bewegt. Die Gedanken der beiden jungen Liebenden, ihr Hoffen, Lieben und Bangen ist auch ihr Hoffen, Lieben und Bangen gewesen. Viele Radiohörer setzen sich hin und schreiben ihre Empfindungen nieder, dankbar, beschämt, mancher mit den

41

Tränen kämpfend. Nie zuvor hat der Sender auf seine Sonntagssendung so viele Leserbriefe erhalten. Die Sendung muss wiederholt werden.

Der Krieg verändert den Menschen. Nie hätte Georg Thurmair geglaubt, dass er das vollbringen kann, was man nun von ihm verlangt. Wie schwer ist es, Mensch zu bleiben in diesen grausamen Schlachten! Um wie viel schwerer noch, Christ zu bleiben! Der Blick in den Spiegel wird ihm zur Qual. Das Auge, in das er blickt, es erscheint ihm fremd – so kalt ist es geworden, so hart. Der Krieg verändert den Menschen. Georg Thurmair, der Redakteur der christlichen Jugendzeitschriften, erschrickt über sich selbst. Auch darüber berichtet er seiner jungen Frau.

Was macht die junge Ehefrau in dieser Zeit? Sitzt sie untätig herum und wartet auf die Rückkehr ihres Mannes, beschränkt sich darauf, Gedichte zu schreiben, auf Briefe zu warten? Das ist nicht die Welt der Maria Luise Thurmair. Sie will sich weiter einbringen, spürt den Drang zur tätigen Arbeit. In Innsbruck ist sie voller Eifer mit dabei, als man sich zusammensetzt, ein neues Gesangbuch zu erstellen. Selber steuert sie einige neue Texte bei. Mit ihrer klaren, lebendigen Sprache stellt sie sich mit Freude in den Dienst der Sache. Das Innsbrucker Gotteslob entsteht.

Wie oft haben sie gebetet in dieser finsteren Zeit! Und ihre Gebete werden erhört. Als der Krieg vorbei ist, endlich vorbei ist, kehrt Georg Thurmair heim. Nach wenigen Monaten Kriegsgefangenschaft hat man ihn freigelassen. Es ist Juli 1945, als er mit seiner jungen Frau in Innsbruck ein neues Leben beginnt. Ein Leben ohne Krieg, ein Leben ohne den Schrecken von Diktatur und Willkür.

Aus ihrem Wunsch wird Wirklichkeit. Georg Thurmair kann wieder als Redakteur arbeiten. Dafür ziehen sie nach Düsseldorf, mitten in die ausgebombte Stadt am Rhein. Auch das katholische Jugendhaus hat es erwischt, nur noch eine ausgebrannte Ruine steht an seiner Stelle. Nie waren Hoffnungszeichen wichtiger als jetzt. Eines soll der „Michael" werden. Die große katholische Jugendzeitschrift, sie erscheint wieder.

„Oh, du bist ein Neugieriges", denke ich, als das Kind zum ersten Mal kundtut: Ich möchte ans Licht. „Kannst du es nicht erwarten, es ist doch noch nicht Zeit für dich."

So beginnt der Erzählband „Fünf Paar Kinderschuhe" von Maria Luise Thurmair. „Erlebtes und Erlauschtes vom Laufstall bis zum Schulanfang", nennt sie das Buch im Untertitel. „Sechs Paar Kinderschuhe" hätte sie es kurze Zeit später nennen können, denn so viele Kinder bekommen sie geschenkt, eine große, lebendige Schar. Doch die Dichterin lässt sich nicht auf ihre Rolle als Ehefrau und Mutter festlegen. Ihr tätiger Geist drängt sie an den Schreibtisch. Unermüdlich arbeitet sie weiter: Sie schreibt Dialoge für christliche Theaterspiele, Ratgeber für die Gestaltung von Kindermessen, über die heilige Hedwig, über den Verlust des Paradieses, Texte für Kinderbücher. Und neue Kirchenlieder. Ihre Arbeiten werden gelesen und machen sie bekannt. Zu vielen Vorträgen wird sie eingeladen.

1956 bietet man Georg Thurmair eine Stelle als Bildungsreferent der Katholischen Aktion der Erzdiözese München an. So ziehen sie vom Rhein an die Isar in seine Heimatstadt. Später wird Georg Thurmair Chefredakteur der „Münchner katholischen Kirchenzeitung". In München-Germering, einer kleinen Gemeinde im Grünen am Stadtrand, finden sie ihre neue Heimat.

„Sehr geehrte Herren!" Der Vorsitzende der neu gegründeten Kommission erklärt noch einmal das Ziel. Es ist das Jahr 1964. Theologen und Kirchenmusiker aus Deutschland, Österreich und Südtirol sitzen beisammen. Ein neues Gesangbuch soll entstehen, ein einheitliches Gesangbuch für die gesamte katholische Kirche im deutschsprachigen Raum. Bislang sind je nach Region und Bistum die unterschiedlichsten Gesangbücher in Gebrauch. In einer Zeit der zunehmenden Mobilität soll ein gemeinsames Liederbuch Heimat vermitteln. Regionale Anhänge sind vorgesehen, um gewachsenes Liedgut integrieren zu können.

Für ein solch großes Projekt braucht es zwei Dinge: Zeit und gute Mitarbeiter. Die Kommission muss ausgewogen sein, darf nicht allein aus Theologen und Kirchenmusikern bestehen. Auch Dichter werden gebraucht, Menschen, die eine moderne Sprache sprechen und die Herzen der Gläubigen erreichen. Nach der Erweiterung der Kommission muss der Vorsitzende auch die Anrede erweitern: „Meine sehr geehrte Dame, sehr geehrte Herren." Maria Luise Thurmair ist mit dabei.

Die Arbeit ist vielfältig und kompliziert. Subkommissionen müssen gebildet werden. Eine davon („Persönliche Gebete") leitet Maria Luise Thurmair, aber auch in den anderen Kommissionen arbeitet sie mit, insbesondere bei der Auswahl der Lieder. Die richtige Entscheidung zu treffen, fällt nicht leicht. So zahlreich, so vielfältig ist das Liedgut. Über die Jahrhunderte hat jede Zeit, jede Epoche, ihre eigenen Lieder hervorgebracht. Vor allem die Barockzeit. Herzblut klebt an manchem Lied, liebe Erinnerungen verbindet manches Kommissionsmitglied mit speziellen Liedern, machen es schwer, sich von ihnen zu trennen. Und doch ist ein Schnitt notwendig, sonst würde das neue Gesangbuch zu einem riesigen, unübersichtlichen Wälzer anschwellen.

Und Maria Luise Thurmair sieht ein weiteres Problem: Die Sprache vieler alter Lieder passt nicht mehr in die neue Zeit. Besonders die Jugend steht fragend vor manchen Formulierungen, vor dem immer gleichen Beklagen des irdischen Jammertals, den himmlischen Heerscharen, den Thronen und Mächten. Cherubine und Seraphine, Zimbeln und Posaunen beherrschen die

Szenerie. Die barocke Überladenheit wirkt heute ebenso fremd wie manch christliches Kampfgeschrei. Maria Luise Thurmair spürt, was fehlt.

Sie nimmt ihre Lieder zur Hand, fängt an, neue zu dichten. Achtunddreißig ihrer Lieder werden schließlich ins Gotteslob aufgenommen, darunter viele, die zu den poetischsten, den meistgesungenen gehören. Das älteste stammt aus dem Kriegsjahr 1941. Ein Lied auf eine bekannte Melodie aus dem 17. Jahrhundert, ein Lied voller Zuversicht und Gottvertrauen in einer Zeit der Gottlosigkeit und Gewalt, ein Pfingstlied, ein Siegeslied des Geistes über die rohen irdischen Mächte. Sie dichtete es im Jahr ihrer Hochzeit: „Der Geist des Herrn erfüllt das All" (GL 249). Voller Zuversicht heißt es da: „Ganz überströmt von Glanz und Licht erhebt die Schöpfung ihr Gesicht."

Auch in der Nachkriegszeit, Anfang der Fünfzigerjahre, entstanden viele bekannte Lieder. Viele von ihnen vertont von einem aus dem Odenwald stammenden Musiker, der nach dem Krieg das Institut für Kirchenmusik des Bistums Mainz leitete, Heinrich Rohr. Messgesänge, gesungene Gebete, manche in Form einer Zwiesprache zwischen Vorsänger und Gemeinde.

Während man in Deutschland an dem neuen Gesangbuch arbeitet, tagt in Rom das Zweite Vatikanische Konzil. Revolutionäre Neuerungen stehen an: Papst Johannes XXIII. gehört zu den Reformern der Liturgie. Gott soll in die Mitte gestellt werden, symbolisch durch den Altar, der von den Tiefen des Chors nach vorne geholt wird, näher zu den Gläubigen. Nicht mehr den Rücken des Pfarrers sollen die Menschen sehen, in sein Gesicht sollen sie blicken, Aug' in Aug' und auf einer Stufe. Die neuen Lieder sollen dieses neue Gottesbild unterstützen. Nicht mehr irgendwo imaginär über den Wolken des Hochaltars soll Christus schweben, sondern er soll mitten in der lebendigen Gemeinde wirken. „Wo zwei oder drei in meinem Namen versammelt sind, da bin ich mitten unter ihnen!"

Maria Luise Thurmair dichtet (EG 227, GL 634):

In einem Glauben lass uns dich erkennen,
in einer Liebe dich den Vater nennen;
eins lass uns sein wie Beeren einer Traube,
dass die Welt glaube.

1975 ist es endlich so weit. Das neue katholische Gesangbuch erscheint, das erste für den gesamten deutschen Sprachraum, die Schweiz ausgenommen. Auch im Bistum Bozen/Brixen, in Maria Thurmairs Südtiroler Heimat, liegt es in den Kirchen aus, nehmen es die Gläubigen zum gemeinsamen Gesang in die Hand.

Und noch etwas ist mit diesem Buch gelungen. In enger Zusammenarbeit mit evangelischen Christen hat man Lieder gemeinsam ausgewählt. Viele Texte bekannter Protestanten sind darin enthalten, von Paul Gerhardt, Martin Luther, Jochen Klepper und manchen anderen. So ist es in großen Teilen auch ein ökumenisches Gesangbuch geworden. Sein Name könnte kaum treffender gewählt sein: „Gotteslob".

Was zeichnet die Lieder von Maria Luise Thurmair aus? Oft greift sie bekannte Bibelstellen oder Glaubensinhalte auf, um deren Inhalte in zeitgemäßer, verständlicher Form wiederzugeben (GL 489).

Gott ist dreifaltig einer: Der Vater schuf die Welt,
der Sohn hat uns erlöset, der Geist uns auserwählt.
Dies glaub ich und so leb ich und will im Tod vertraun,
dass ich in meinem Leibe will meinen Gott anschaun.

Kann man das christliche Glaubensbekenntnis in wenigen Zeilen treffender zusammenfassen? In anderen, weniger zweckgebundenen Liedern ist die gestaltende Kraft der Dichterin noch schöner zu spüren. Einzigartig, wie sie die Erscheinungen der

46

belebten und unbelebten Natur Gottes Lob singen lässt. Hierzu hat sie dem alten, aus Straßburg stammenden Kirchenlied „Erfreue dich Himmel" fünf neue Strophen geschenkt, eine jede als Einleitung zu dem bekannten Refrain: „Auf Erden hier unten, im Himmel dort oben: den gütigen Vater, den wollen wir loben" (GL 259):

Ihr Sonne und Monde, ihr funkelnden Sterne,
ihr Räume des Alls in unendlicher Ferne:
ihr Tiefen des Meeres, Gelaich und Gewürme,
Schnee, Hagel und Regen, ihr brausenden Stürme:
ihr Wüsten und Weiden, Gebirg und Geklüfte,
ihr Tiere des Feldes, ihr Vögel der Lüfte:
ihr Männer und Frauen, ihr Kinder und Greise,
ihr Kleinen und Großen, einfältig und weise:
Erd, Wasser, Luft, Feuer und himmlische Flammen,
ihr Menschen und Engel, stimmt alle zusammen:

Gefällig und schön? Sicherlich. Aber nicht glatt. Maria Thurmairs Dichtungen sind keinesfalls harmlos. In manchen Textpassagen spürt man auch Skepsis heraus, Zweifel an der Kirche als Institution, an ihrer Anfälligkeit, ihrer Verführbarkeit. Die Dichterin aus Tirol, die manchem so unverfälscht katholisch vorkommt, so fest und sicher im Glauben, auch sie scheint Zeiten des Misstrauens gehabt zu haben, eines gesunden Misstrauens, das vor Hochmut schützt. So besingt sie nicht den billigen und idealisierten Kontrast einer heilen Kirche zu einer unheilen Welt. Sie sieht durch ihre Erfahrungen geprägt, wohl und wahrscheinlich auch durch ihre bitteren Erfahrungen mit manch schwankendem und wenig mutigem Gottesmann in der Zeit des Nationalsozialismus, dass auch von der Kirche Unheil ausgehen kann. So bittet sie in eindringlicher Form (EG 227, GL 634):

Gedenke, Herr, die Kirche zu erlösen,
sie zu befreien aus der Macht des Bösen,
als Zeugen deiner Liebe uns zu senden
und zu vollenden.

Von ihrem Mann Georg stammen ebenfalls zahlreiche Lieder im Gotteslob. Eines von ihnen findet sich auch im Evangelischen Gesangbuch, eine Neudichtung eines Liedes von Paul Gerhardt. „Nun danket all und bringet Ehr" heißt es bei Paul Gerhardt, „Nun singe Lob, du Christenheit" bei Georg Thurmair (EG 265, GL 638). Kurz vor seinem 75. Geburtstag, am 20. Januar 1984, stirbt Georg Thurmair in München. Seine Frau gründet ein Jahr später einen Freundeskreis, der das Andenken ihres Mannes wach halten soll.

Pro ecclesia und Pontifice. Ein hoher päpstlicher Orden. Für ihre Verdienste um den liturgischen Gesang wird er Maria Luise Thurmair verliehen. Sie erreicht das begnadete Alter von 93 Jahren. Am 24. Oktober 2005 stirbt sie in Germering. In einem Brief an ihre Familie schreibt Kardinal Lehmann: „Ihre gläubige Demut ist es gewesen, die ihren geistlichen Dichtungen überzeitliche Größe verleiht." – Eines ihrer Lieder finden wir in unseren beiden großen Liederbüchern, dem Evangelischen Gesangbuch und dem Gotteslob (EG 227, GL 634):

Dank sei dir, Vater, für das ewge Leben
und für den Glauben, den du uns gegeben,
dass wir in Jesus Christus dich erkennen
und Vater nennen.

Ein Rätsel – zwei Lösungen

IN VIELE KATEGORIEN KANN man unsere Lieder einteilen. Da gibt es Loblieder, Trauerlieder, Lieder der Freude, Bittgesänge. Ein Lied fällt aus diesen Kategorien heraus. Es ist ein merkwürdiges Lied, ein Lied, das in Rätseln zu uns spricht, ein Weihnachtslied aus dem 16. Jahrhundert, dessen Ursprung man in Trier vermutet. Dies ist seine erste Strophe (EG 30, GL 132):

Es ist ein Ros entsprungen
aus einer Wurzel zart,
wie uns die Alten sungen,
von Jesse kam die Art
und hat ein Blümlein bracht,
mitten im kalten Winter,
wohl zu der halben Nacht.

Wer löst dieses Rätsel auf? Was ist das für eine Rose, die mitten im kalten Winter entsprngt? Wer die Wurzel? Und wer das Blümlein? Das Lied selbst gibt uns die Antwort, in der zweiten Strophe wird das Rätsel nämlich gelöst. In der Ursprungsfassung heißt es:

Das Röslein, das ich meine,
davon Jesaja sagt,
ist Maria, die Reine,
die uns das Blümlein bracht.
Aus Gottes ewgem Rat
hat sie ein Kind geboren
und blieb ein' reine Magd.

Das lyrisch-poetische Bild fußt auf einer Prophezeiung im Alten Testament („wie uns die Alten sungen"). Jesaja, einer der wirkmächtigsten Propheten, sagte der Welt das Erscheinen des Erlösers voraus und verriet zugleich dessen Abstammung: „Aus der Wurzel Jesses wird ein Reis hervorgehen und eine Blume wird aus dieser Wurzel aufgehen."

Jesse (Isai) war der Vater König Davids, auf dessen Stamm Christi Herkunft zurückgeführt wird. Das Reis ist Maria, die Gottesmutter, das Blümelein ihr Sohn Jesus. Das Bild der aus einer Ros', einem Reis, einem jungen grünenden Rosentrieb erblühenden Blume ist also gleichzusetzen mit der Geburt Jesu im kalten Stall von Bethlehem. Kunstvoll ist der Reim der beiden Strophen. Achtmal erklingt der Vokal „a" (zart – Art, bracht – Nacht, sagt – bracht, Rat – Magd), wodurch eine anheimelnd warme Stimmung erzeugt wird, welche mit dem kalten Winterbild kontrastiert und dem Frost die Schärfe nimmt: Das aufkeimende Leben bringt Wärme in die Welt.

In katholischen Gesangbüchern verbreitete sich dieses Lied rasch und wurde zu einem der beliebtesten Weihnachtslieder überhaupt. In protestantischen Regionen hingegen scheint das Lied zunächst kaum Verwendung gefunden zu haben. Das allerdings ändert sich schlagartig, als ein evangelischer Komponist einen vierstimmigen Chorsatz und durch Eingriff in des Rätsels Lösung eine eigene, evangelische Interpretation schuf. Michael Schultheiß (15.2.1571–15.2.1621), der seinen Namen in *Praetorius* latinisierte, einer der bedeutendsten Kirchenmusiker des frühen Barock, hatte seine Schwierigkeiten mit dem ursprünglichen Lösungsvorschlag. Die Rolle Mariens schien ihm nicht richtig gedeutet. Nahm man die alttestamentliche Schrift ernst, so musste Jesus direkt aus der Wurzel Jesse entspringen. Ohne Umweg über Maria. Denn nicht Maria, wohl aber ihr Verlobter Josef, der Zimmermann aus Nazareth, stammte aus dem Hause Davids, dessen Vater Jesse gewesen war. Dies ist ja auch der Grund, warum Josef zur Volkszählung nach Bethlehem musste.

Wie aber ließ sich auf dieser Textgrundlage das Rätsel lösen? Es ging nur so: Das Reis und das Blümelein sind eins und entspringen (wenngleich botanisch nicht korrekt) direkt der Wurzel, ohne den Umweg über einen Rosentrieb zu nehmen.

Das Röslein, das ich meine,
davon Jesaja sagt,
hat uns gebracht alleine
Marie, die reine Magd.
Aus Gottes ewgem Rat
hat sie ein Kind geboren
wohl zu der halben Nacht.

So lautet die Version von Michael Praetorius. Maria bringt uns zwar das Röslein, ist aber selbst nicht das Röslein. Und auch die bleibende Jungfräulichkeit Mariens aus katholischer Sicht, deutlich in der letzten Zeile zum Ausdruck gebracht („und blieb doch reine Magd"), entfällt bei Praetorius zugunsten der Zeilenwiederholung „wohl zu der halben Nacht". Im Gotteslob und im Evangelischen Gesangbuch findet sich als Kompromiss eine ökumenische Variante der zweiten Strophe. Sie ist mit der Fassung von Praetorius identisch, nur die Schlusszeile wurde, wohl um die „halbe Nacht" nicht überstrapazieren zu müssen, in „welches uns selig macht' umgedichtet. Sehr schön klingt das Lied auch als Kanon für vier Stimmen von Melchior Vulpius, 1620 in Töne gesetzt (EG 31).

Die dritte Strophe, wie viele weitere Strophen (im Evangelischen Gesangbuch ist die dritte und vierte, im Gotteslob die dritte wiedergegeben), stammt aus späterer Zeit. 1844, im schönsten Biedermeierstil, wurde sie von Friedrich Layritz gedichtet:

Das Blümelein so kleine,
das duftet uns so süß;
mit seinem hellen Scheine
vertreibt's die Finsternis.
Wahr' Mensch und wahrer Gott,
hilft uns aus allem Leide,
rettet von Sünd und Tod.

So kleine, so hell, so süß. Hübsch, aber überflüssig. Man darf sich durchaus auf die ersten beiden Strophen beschränken. Theologisch interessant ist die Gleichsetzung Mariens mit der Rose. Die Rose gilt seit der Antike als Königin der Blumen, viel gärtnerischer Ehrgeiz wurde schon früh darauf verwendet, sie zu züchten. Auch in der germanischen Mythologie hat die Rose ihren Platz und gilt als Sinnbild von Freya, der höchsten weiblichen Gottheit. Die alten Römer glaubten, die Rose habe ihren roten Schimmer von der aufgehenden Sonne, von Aurora, erhalten, stehe also stellvertretend für den himmlischen Glanz auf Erden. In ihren verschiedenen farbigen Erscheinungen ist die Rose heute noch ein schönes Symbol für die Liebe in all ihren Facetten. Welche Frau, die sich nicht über eine Rose freuen würde?

Ein anderer Aspekt ist, dass Maria in vielen künstlerischen Darstellungen mit einem Apfel in der Hand dargestellt wird, sich hierdurch als neue Eva zu erkennen gebend. Lange Zeit ist es üblich gewesen (und ist es in manchen Gegenden noch, etwa im Bamberger Raum), am 24. Dezember einen Paradiesgarten aufzubauen, mit Adam und Eva und einem grünenden Apfelbaum dazwischen, dem Vorläufer des Tannenbaums mit seinen glänzenden Kugeln.

Botaniker weisen uns dabei auf eine merkwürdige, für Laien kaum zu glaubende Verwandtschaft hin: Der Apfel sei der Familie der Rosengewächse zugehörig. Maria mit dem Apfel kann also durchaus als Fortführung des Rosenthemas gesehen werden.

Der Apfel: die Rose ohne Dornen. Auch als solche wird Maria besungen. Und natürlich als leuchtende Lilie, deren Weiß für ihre Unschuld steht. Doch d es ist ein anderes Thema.

Philipp Nicolai –
Wie schön leuchtet der Morgenstern

UND DANN AUCH NOCH Wilhelm. *Sein* Wilhelm, *sein* Junge! Er hat ihm alles beigebracht, was ein Kind wissen musste, hat ihn im rechten Glauben erzogen, ihm von seinem Gott erzählt. Acht Jahre hat er ihn erzogen, ist er sein Lehrer gewesen. Ach was, sein Lehrer! Ein Freund war er ihm, ein Vater auch. Ganze fünf Jahre war Wilhelm, als er ihn unter seine Fittiche nahm.

Wilhelms Mutter, die Gräfin von Waldeck-Wildungen, hatte ihn zum Hofprediger bestimmt – und zum Erzieher ihres Sohnes. Ihr Mann, der Graf, war gestorben. Damals war der kleine Wilhelm erst ein Jahr alt gewesen. Umso größer die Liebe, mit welcher der Knabe bald an ihm, seinem Hauslehrer, hing. Acht lange, glückliche Jahre haben sie miteinander verbracht. Nicht nur im Studierzimmer. Wie oft sind sie hinaus aus den Schlossmauern, den Berg hinunter nach Alten-Wildungen gezogen, zum Fluss hinab, zur Wilde und weiter durch die nahen Wiesen und Felder. Sein Land hat er ihm gezeigt, die Grafschaft, die er einst regieren würde, die Dörfer und Menschen.

Groß war der Schmerz, als sich ihre Wege vor zwei Jahren trennten … trennen *mussten*, weil auf heftigstes Drängen der dortigen Gemeinde eine Pfarrstelle im westfälischen Unna zu besetzen war. Und doch sind sie beide voller guter Zuversicht gewesen, Lehrer und Schüler. Wilhelm ging nach Tübingen, zum *Studium illustre* an die dortige Universität, an der mit freudigem Herzen die lutherische Lehre verbreitet wird. Welche Hoffnungen hat jeder in ihn gesetzt! In seinem Fürstentum, im hessischen Wildungen, würde er zum Kämpfer gegen jede Irrlehre werden, käme sie im papistischen oder reformierten Kleid daher!

Und nun der Brief hier, die Todesbotschaft! Nun also auch Wilhelm, sein Kind, sein Junge. Gestorben mit vierzehn Jahren!

Mit furchtbarer Gewalt fegt der Tod über das Land, der Schwarze Tod, die Pest. Vierundzwanzig Leichen am Montag, am Dienstag siebenundzwanzig. Allein hier in Unna! Die Totengräber kommen mit dem Ausheben der Gruben kaum nach. Eine Beerdigung jagt die nächste. Ist es ein Fluch, eine Heimsuchung? Über zweitausend Einwohner hat die einst stolze Hansestadt gehabt, jetzt gerade noch die Hälfte. Die Wirtschaft liegt danieder, Kummer und Depression haben die Menschen befallen.

Wie soll man den Angehörigen Trost spenden? Was einer verzweifelten Mutter am Grabe ihres toten Kindes sagen, während daheim die kleinen Geschwister bereits erste Pestbeulen zeigen? Was für Worte findet man da als Pfarrer? Außer theologischen Floskeln? Die unergründlichen Ratschlüsse Gottes, sein ewiges Wirken und Weben, sein gütiger, gerechter Plan, in den er uns alle stellt? Davon soll er reden?

Am Mittwoch neunundzwanzig, gestern dreißig Leichen. Alt und Jung, Arm und Reich. Die Pest macht keine Unterschiede. Sich aufraffen, jeden Tag aufs Neue, kaum mehr vom Gottesacker kommen. Wie schrecklich hat ihn die Nachricht vom Tod seiner geliebten Schwestern getroffen, die jüngste starb bei der Geburt ihres Kindes. Wie hat dieser doppelte Kummer seine eigene Gesundheit angegriffen! Die Nachricht vom Tode Wilhelms aber hat ihm den größten Schlag versetzt.

Heute sind es schon wieder über ein Dutzend Tote. Unersättlich ist die Pest, es scheint, als wolle sie nicht rasten, bis sie alle dahingerafft sind. Wo steckt der Sinn in diesem Gemetzel, wo das Frohe in der Botschaft?

Nie zuvor hat Philipp Nicolai eine schlimmere Zeit erlebt. Einundvierzig Jahre ist er nun, hat manchen Kampf miterlebt, mitbestritten. Weil er kämpfen kann wie kaum ein Zweiter, hat man ihn nach Unna berufen. Nicht so sehr vor den Katholiken fürchtete man sich, wie wohl die Gegenreformation von spanischen Truppen und Jesuiten auch nach Westfalen getragen wird. Schlimmer sind die Auseinandersetzungen mit den Calvinisten. Ganz England und Holland beherrschen sie schon, schicken sich an, auch Deutschland zu erobern. In Nicolais Augen sind sie die schlimmsten Ketzer, ihren Gott nennt er einen Brüllochs und blutdürstigen Moloch. Ja, er ist nicht zimperlich in der Wahl seiner Worte, weiß mit Sätzen zu fechten wie kaum ein Soldat mit seinem Schwert.

In Herdecke bereits, seiner ersten Pfarrstelle, und erst recht in Wildungen, in der Zeit, in der er sich mit unendlicher Liebe und Geduld um seinen kleinen Zögling Wilhelm kümmerte, musste er sich mit den Reformierten herumschlagen. Er hat es getan mit dem sicheren Gefühl, im Besitz des wahren Glaubens zu sein. Unerbittlich und mit aller Konsequenz. Einmal hat er gar dem angesehenen Kanzleirat seines Dienstherrn das Abendmahl verweigert, hat ihn zu dessen Schande einfach stehen lassen, weil er in ihm den heimlichen Calvinisten witterte. Die Reformierten ihrerseits sind ebenfalls nicht zimperlich gewesen. Der hessische Landgraf hat ihm sogar den Doktortitel, den ihm die Marburger Professoren verleihen wollten, vorenthalten. So heftig tobte der Kampf zwischen Lutheranern und Reformierten. Ubiquitätslehre – das war einer der Hauptstreitpunkte. Ist Christus im Abendmahl leibhaft anwesend? Dann wäre das Abendmahl eine Art kannibalische Handlung, ein Götzendienst, wie ihn einst Moloch betrieben hat.

Philipp Nicolai will die Lehre Luthers nicht verwässern lassen. Wozu soll denn der Kampf des großen Reformators gut gewesen sein? Nein, er wird sich auch weiter zum Soldaten für dessen Sache machen, wird keinem Streit, keinem Kampf aus dem Weg gehen. So denkt er und so lebt er. Jetzt aber, wo das große Sterben ausgebrochen ist, jetzt, wo er sich müde und erschöpft vom

Friedhof in sein Pfarrhaus schleppt, da gehen seine Gedanken in eine andere Richtung.

Trost und Zuversicht. Daran mangelt es vor allem. Und an dem rechten Glauben, dass all diese Qual, all dies Sterben, nicht sinnlos ist, nicht umsonst, sondern den Weg in eine wunderbare, eine freudenreiche Welt bedeutet. Daheim im Pfarrhaus nimmt Nicolai die Heilige Schrift zur Hand. Von Anfang bis Ende wird er sie erneut durchstudieren, wird jede Stelle notieren, und sei sie noch so klein und unbedeutend, in der von der Welt jenseits unserer irdischen Erfahrungen gesprochen wird, vom Himmelreich, dem Reich Gottes. Eine große Arbeit, der er sich mit Feuereifer widmet. Auch zu den Schriften des großen Augustinus greift er, auch dort sucht er nach Zeugnissen, nach Belegen. Eine große Textsammlung entsteht. Altes und Neues Testament, die Offenbarungen des Johannes, überall wird er fündig. Im reichen, im überreichen Maße. Das ist sein Schatz, sein Fundus. Aus ihm schöpft er nun, beschreibt, was er bei den Propheten, was er in den Psalmen findet, stellt diesen Worten Jesu eigene Prophezeiungen zur Seite.

Kapitel um Kapitel entsteht, ein Buch, wie es tröstlicher nicht gedacht werden kann. Und welche Fragen er auch immer beleuchtet, welches Detail er auch in den Vordergrund rückt, es erfasst den Leser wie ein Rausch, wie eine mitreißende, gewaltige Welle. Ein Gefühl, wie es stärker, wie es intensiver nicht empfunden werden kann, ein Gefühl, das erwärmt und erhebt, verwirrt und schwindelig macht. Es ist das Gefühl einer alles überwältigenden Freude. Einer Freude nicht im engen, kleinen Sinne, nicht ein nettes, unverbindliches Trösterwort. Nein, eine eruptiv-sinnliche Freude, eine Freude zum Anfassen, ein Glücksgefühl, wie es nur Liebende so recht verspüren können; ja, eine hochzeitliche, eine lustvolle, eine wollüstige Freude; eine Vereinigung, nach der sich alles in uns drängt, die wir in all den irdischen Jahren sehnlichst vermisst haben; eine freudige Vereinigung, die uns hier auf Erden nur in wenigen kurzen Glücksmomenten geschenkt wird und die wir darum umso stärker herbeisehnen. In der anderen Welt erwartet sie uns. Ja, Nicolai ist sich sicher: Diese Freude ist die andere Welt und nichts anderes.

Sie zu beschreiben, dafür kommen nur die Worte der Dichter in Betracht. Nur in Bildern und Gleichnissen kann man von ihr reden, zu arm ist unsere gewöhnliche Sprache, zu kümmerlich, zu blutleer für ein solches Ereignis. Immer wieder wählt Nicolai das Bild vom Königreich und der bräutlichen Liebe. Über vierhundert Seiten entstehen, Nicolai schreibt wie im Rausch, schreibt das Werk fast in einem Zug nieder. Die himmlischen Freuden will er uns spiegeln, „Freudenspiegel des ewigen Lebens" nennt er das Buch darum.

Erschöpft, aber glücklich legt er die Feder beiseite. Besser kann er es nicht machen. Er hat das Buch in Deutsch geschrieben. Nicht in Latein. Kein trockenes theologisches Traktat sollte es werden, sondern ein lebendiges, von der Liebe durchglühtes Werk. Zum Trost für die leidenden Seelen der gequälten Menschen, ja zum Trost auch für sich selbst. Wer weiß denn, wann die Pest seinen eigenen Leib schwarz und blau ausbeulen wird? Ja, Philipp Nicolai, der Pastor der kleinen Stadt Unna, ist stolz auf dieses Buch hier.

Dennoch, ein leiser Zweifel bleibt. Ob er auch die Herzen der einfachen Menschen erreichen wird? Wer von ihnen kann schon lesen, wer sich die Zeit nehmen, das Buch zu studieren? Nein, so kann er das Buch nicht in die Welt schicken! Nicht so nackt. Die wichtigsten Botschaften, die Seele des Buchs – er muss sie nochmals verdichten, muss sie in Verse bringen, sie in Töne kleiden, sie zum Klingen bringen. Nur im Lied ist das, was er vom Himmel erzählen will, für jeden zu erspüren.

Wie gerne singt er selbst, auch dann, ja vor allem dann, wenn ihm die Worte fehlen, wenn ihm vor Kummer die Sprache den

Dienst versagt. Im Lied findet er sie wieder, in großartig gesteigerter Form. Ein Buch über die Freuden der Liebe, was ist das schon gegen ein Liebeslied? Wie haben die Augen des kleinen Wilhelm stets geleuchtet, wenn sie zusammen musiziert und gesungen haben! Ja, Wilhelm, dem toten kleinen Wilhelm, seinem unglücklichen Schützling, will er das Lied widmen.

Eine barocke Spielerei? Und wenn schon! Jeder, den sie angeht, wird sie verstehen. W-E-G-U-H-Z-W, so lauten die Anfangsbuchstaben der sieben Strophen. Man nennt das ein Akrostichon, eine geheime Botschaft: Es handelt sich um die Initialen von Wilhelms vollem Namen: Wilhelm Ernst Graf und Herr zu Waldeck.

In diesem Lied über das himmlische Königreich wird er seinen geliebten Jungen verewigen. Das Lied zählt zu den beliebtesten des Gesangbuchs und wird sowohl in evangelischen als auch in katholischen Gottesdiensten gesungen (EG 70, GL 554). In gedruckter Form sieht der Text aus wie ein Kelch:

Wie schön leuchtet der Morgenstern,
voll Gnad und Wahrheit von dem Herrn,
die süße Wurzel Jesse.
Du Sohn Davids aus Jakobs Stamm,
mein König und mein Bräutigam,
hast mir mein Herz besessen,
lieblich, freundlich,
schön und herrlich,
groß und ehrlich,
reich an Gaben,
hoch und sehr prächtig erhaben.

Nicht nur der Text, auch die Melodie stammt von Philipp Nicolai. Noch drei weitere Lieder finden sich im „Freudenspiegel".

Eines von ihnen ist ebenfalls höchst lebendig geblieben, das Adventslied: „Wachet auf, ruft uns die Stimme" (EG 147, GL 110).

Philipp Nicolai blieb von der Pest verschont. Er heiratete die Witwe eines Amtsbruders aus Dortmund, die einen Sohn mit in die Ehe brachte. Aber auch ein leiblicher Sohn wurde ihm geschenkt. Er gab ihm den Namen Theodor, was so viel bedeutet wie „Geschenk Gottes". Bis 1601 blieb Philipp Nicolai in Unna, dann nahm er eine ehrenvolle Berufung zum Hauptpastor in St. Katharinen in Hamburg an, wo er am 26. Oktober 1608 hochgeachtet starb.

Paul Gerhardt

WOCHENENDE. BEIM BLÄTTERN im Feuilleton der „Frankfurter Allgemeinen" bleibe ich an einem Kasten hängen, der schon durch seinen Aufbau grafisch heraussticht: Links ein Gedicht, rechts seine Interpretation. Der Herausgeber ist Marcel Reich-Ranicki, die Rezensenten durchweg Leute mit klugen, oft überraschenden Gedanken.

Alle großen deutschen Dichter – hier sind sie zu finden. Die meisten Namen rufen kaum Erstaunen hervor, zu selbstverständlich verbinden wir sie mit ihrem Werk, sehen wir sofort den Dichter. Goethe, Brecht oder Heine. Klar, die dürfen hier nicht fehlen. Bei manchen Namen aber stutze ich: ein Gedicht von Paul Gerhardt? Paul Gerhardt, der Kirchenmann? Ja kann ein Kirchenliedautor denn zu den Weltliteraten gezählt werden?

Gräfenhainichen. Ein kleiner Ort in Sachsen, nicht weit von Wittenberg. Hier wird Paul Gerhardt am 12. März 1607 in gutbürgerlichen Verhältnissen geboren. Die Familie seines Vaters lebt seit Generationen am Ort, hat Ansehen und ein kleines Vermögen erworben. Seine Mutter stammt aus einem evangelischen Pfarrhaus. Nicht aus irgendeinem: Ihr Vater hat es bis zum Superintendenten gebracht. Ein Bruder ist schon da, zwei Schwestern werden folgen. Viel mehr wissen wir nicht über Paul Gerhardts Herkunft und Kindheit. Vermutlich hat er die kleine Stadtschule seines Heimatortes besucht. Und bestimmt ist er im reinen lutherischen Glauben erzogen worden.

Es ist eine Zeit, in der auch Kinder schon Erfahrungen mit dem Tod machen. Paul ist kaum zwölf, als sein Vater stirbt, zwei Jahre später wird auch die Mutter begraben. Man schickt den Jungen auf die Fürstenschule nach Grimma. Wie mag man sich fühlen, wenn man in so jungen Jahren plötzlich alleine dasteht? Wenn man kein Elternhaus mehr hat und in der Fremde zurechtkommen muss? Zum Glück ist Pauls Bruder Christian auch in Grimma, allerdings nur noch für ein einziges gemeinsames Jahr. Das Internat in Grimma ist eine besondere Schule. Genau wie die beiden anderen Eliteschulen im Lande, Schulpforta und Meißen, wurde sie vom sächsischen Herzog Moritz gestiftet.

Nach langem kircheninternem Streit hat man die wichtigsten Lehren Luthers im „Konkordienbuch" zusammengefasst. Was darin steht, ist für alle Lutheraner verbindliche Grundlage ihres Glaubens. Und die muss jeder Schüler kennen: Sola scriptura, sola gratia, sola fide, solus christus. Allein die Heilige Schrift, allein die Gnade, allein der Glaube, allein Jesus Christus.

Überhaupt ist Religion das wichtigste Unterrichtsfach. Dann kommt Latein. Nicht nur, um Cicero und Caesar ins Deutsche übersetzen zu können. Man muss auch Aufsätze in Latein schreiben, auf Lateinisch dichten sogar. Daneben spielt die Musik eine wichtige Rolle. Jeder der hundert Schüler wird intensiv darin unterrichtet, mehrmals in der Woche trifft man sich zum Chorgesang. Das Liederbuch Martin Luthers ist auch hier die Grundlage.

Ob Paul Gerhardt ein guter Schüler war? Was ist wohl sein Lieblingsfach gewesen? Ob ihm die Schule mit der Zeit die Familie ersetzen konnte? Welchen Stand mag er unter den anderen Jungen eingenommen haben? Anzunehmen ist, dass er einer der ruhigeren, zurückhaltenden Schüler gewesen ist, ernst und ohne besonderen Ehrgeiz. Jemand, der nicht groß auffiel, weder positiv, noch negativ. Kein Überflieger und bestimmt kein Streber. Ein Träumer vielleicht. Ein Zeugnis existiert noch, fand sich unter den alten Schulunterlagen. Seine Lateinkenntnisse werden als passabel bezeichnet, seine lateinischen Verse als erträglich. Erträglich, immerhin.

Zum Studium geht er nach Wittenberg. Nirgends leuchtet Luthers Lehre reiner als hier an ihrem Ursprungsort, wo jede Gasse, jedes Haus seine Geschichte erzählt. Nicht nur die Tür der Schlosskirche, nicht nur sein Grab. Nicht nur der Platz vor dem Elstertor, wo Luther die päpstlichen Drohungen und die Kanonischen Rechte verbrannte. Nicht nur die Familien seiner Enkel. Wittenberg – Lutherstadt. Das Rom der Protestanten nennt man die Stadt, und die Wittenberger sind stolz darauf.

Man schreibt das Jahr 1628, als sich Paul Gerhardt in Wittenberg immatrikuliert. Auch sechzig Jahre nach dem Tod des großen Reformators ist es Martin Luther, der diese Stadt prägt. Mehr als alles andere. Nicht zuletzt durch die Universität, die Hüterin der Rechtgläubigkeit.

Das Gesicht der Stadt hat sich allerdings sehr verändert. Die Festungsmauern mussten massiv verstärkt werden. Alle kampffähigen Bürger werden geschult, um die Stadt verteidigen zu können. Eine unruhige Zeit!

Zehn Jahre schon dauert der Krieg, zwanzig weitere Jahre werden folgen. Viele der kleineren Ortschaften ringsum wurden bereits geplündert und gebrandschatzt. Wittenberg ist voll von Flüchtlingen, von Menschen, die alles verloren haben und nur ihr nacktes Leben retten konnten. In dieser Atmosphäre beginnt Paul Gerhardt sein Theologiestudium.

Er hat es nicht eilig. Nicht mit dem Examen und auch nicht danach. Nichts drängt ihn, Wittenberg zu verlassen. Die Aussicht auf eine Pfarrstelle? Sie scheint ihn nicht zu reizen. Beruflicher Ehrgeiz? Ein Fremdwort für ihn. Bei einem Archidiakon nimmt er die Stelle eines Hauslehrers an. Keine Arbeit, die ihn übermäßig in Anspruch nimmt. Paul Gerhardt muss daneben viel Zeit geblieben sein. Wofür er sie genutzt hat? Wir wissen es nicht. Vermutlich hat er viel gelesen – nicht nur die aktuellen Bücher, nicht nur Luther. In der großen Bibliothek der Universität wird er so manchen Schatz gefunden haben, uralte Bücher, die Schriften der Mystiker.

1637. Ein Unglücksjahr. Schwedische Truppen ziehen durch Sachsen, kommen auch durch die Dübener Heide, zerstören Gräfenhainichen, seine Geburtsstadt. In kaum vorstellbarer Weise wird gemordet, geplündert und gefoltert. Kein Haus bleibt unversehrt; was bleibt, sind rauchende Ruinen. Und das Unglück geht weiter. Christian, Pauls Bruder, stirbt an der Pest. Wie so viele andere. Krieg und Seuchen, teuflische Plagen, Strafen Gottes für die Sünden der Menschen? Daran glaubt auch Paul Gerhardt.

Fünfunddreißig Jahre ist er, als er 1642 Wittenberg verlässt. Vierzehn Jahre war er hier. Nun zieht er nach Berlin, in die aufstrebende Residenzstadt. Auch Berlin hat unter dem Krieg zu leiden, die Bevölkerungszahl wurde halbiert. Aber seitdem vor zwei Jahren Friedrich Wilhelm, den man den Großen Kurfürsten nennen wird, die Regierungsgeschäfte übernommen hat, geht es aufwärts. Viele zieht es wieder an die Spree. Vorstädte werden eingemeindet, Berlin beginnt wieder zu leben.

Paul Gerhardt nimmt erneut eine Stelle als Hauslehrer an. Diesmal bei einem Juristen, dem Kammergerichtsadvokaten Andreas Berthold. In dessen Familie fühlt sich Gerhardt gut aufgenommen. Das gesellschaftliche Leben bietet viele Anregungen. Sich nach einer Pfarrstelle umsehen? Warum? Es scheint Paul Gerhardt an nichts zu fehlen.

Wann er zu dichten begonnen hat? Als Schüler in Grimma? Als Student in Wittenberg? Oder erst hier in Berlin, in der lebendigen, jungen Stadt? Wir wissen es nicht. Aber eins ist sicher: Zum Dichter wird man nicht erst mit Mitte dreißig. Erst recht nicht damals, im 17. Jahrhundert. Denn da gehörte das Dichten zum Alltag, wurde nicht nur von schwärmerischen jungen Poeten oder von Töchtern aus gutem Hause betrieben. Gedichtet wurde zu jeder Gelegenheit. War man zum Geburtstag oder zu einer Taufe eingeladen, brachte man ein Gedicht mit, las es vor, erfreute sich daran – und legte es wieder beiseite. Dichten war eine Alltagsbeschäftigung.

Für ernsthaftere Aspiranten gab es zudem eine genaue Anleitung, wie man zu dichten hatte: das „Buch von der Deutschen Poeterey". Martin Opitz, ein erst wenige Jahre zuvor verstorbener schlesischer Metzgersohn, hatte es verfasst. Alle Regeln und Grundsätze für eine neu zu begründende deutsche Dichtkunst sind darin zu finden – die Dichtkunst der Barockzeit. Paul Gerhardt muss das Buch gekannt haben.

Aus dem Jahr 1643 ist sein erstes Gedicht nachweisbar, weil es gedruckt erhalten blieb. Ein weltliches Gedicht, das er zu einer Feier im Freundeskreis verfasst hat. Es lohnt nicht, den Text hier wiederzugeben, aber es zeigt: Paul Gerhardt scheint seine Bestimmung gefunden zu haben. Die Dichtkunst prägt fortan sein Leben. Und doch: Vielleicht wäre er in Vergessenheit geraten, wenn es nicht zu dieser glücklichen Freundschaft gekommen wäre.

Johann Crüger ist in jenen Jahren Kantor an St. Nikolai, der ältesten Berliner Kirche, mitten im Zentrum. Das Besondere an dieser Kirche: Sie besitzt eine Akustik, wie man sie in kaum einem modernen Konzertsaal findet. Crüger ist ein Musikenthusiast. Er gibt sich nicht mit dem Überlieferten zufrieden, sondern komponiert selbst, sucht nach neuen Texten für neue Lieder.

Im „Grauen Kloster", das jetzt eine Schule für die Söhne des Bildungsbürgertums ist, befindet sich auch eine Druckerei. Hier lässt Crüger sein Liederbuch herstellen, die „Praxis Pietatis melica", die „Lyrische Übung der Frömmigkeit". 1647 erscheint eine mit Spannung erwartete Neuauflage. Das Buch enthält 387 Nummern, von denen 18 aus der Feder von Paul Gerhardt stammen.

Wie hat man sich die Zusammenarbeit vorzustellen? Kam zuerst das Gedicht, dann die Musik? Oder war es umgekehrt? Waren es Auftragsarbeiten Crügers oder folgte Paul Gerhardt völlig seiner eigenen Inspiration? Vielleicht ließ er sich ja von Johann Crügers Orgelspiel anregen – und man arbeitete gemeinsam Hand in Hand? Die Vorstellung rührt an: Johann Crüger an der Orgel, der bescheidene Gerhardt daneben, aufgeregt, voller Gedanken. Der große, leere Kirchenraum, die Orgelklänge, eine große, festliche Konzentration … Ob es so war? Spekulation.

Fest steht: Crüger muss von den Texten Gerhardts begeistert gewesen sein. Als hätte er darauf gewartet, schickte Gott ihm hier einen Dichter, der genau den Ton traf, auf den er gewartet hatte, bei dem alles stimmte. Nicht zu verkopft-dogmatisch, nicht zu vergeistigt-überschwänglich. Mit Verstand und dennoch sinnlich, schlicht und poetisch zugleich. Das ist der Ton von Volksliedern – Verse, die das Herz berühren. Sie begeistern den Kantor und führen ihn zu nicht gekannten musikalischen Höhen. Crüger und Gerhardt, Gerhardt und Crüger. Ein fruchtbares, befruchtendes Team, eine kleine, äußerst dynamische Musikfabrik. Zwei Meister, die erst durch ihre Begegnung zu solchen wurden. Jeder für sich wäre vermutlich in Vergessenheit geraten. Zusammen werden sie unsterblich.

Ich singe dir mit Herz und Mund,
Herr, meines Herzens Lust;
ich sing und mach auf Erden kund,
was mir von dir bewusst.

Ich weiß, dass du der Brunn der Gnad
und ewge Quelle bist,
daraus uns allen früh und spat
viel Heil und Gutes fließt.

Wie ein wärmendes Licht strahlen Gerhardts Verse. So klar und verständlich die Lieder Luthers auch sind, sie berühren die Herzen der Gläubigen weit weniger, als es diese neuen Lieder tun. Und dennoch sind alle Inhalte theologisch korrekt. Nie verschwimmt Gerhardt in mystischen Bildern, er leiht sie sich nur aus, kleidet Luthers Botschaften in ein neues, ein leuchtendes Gewand. *Dulcedo* – die Süße Gottes. Und *Pulchritudo* – die Schönheit Gottes. Diese Begriffe der Mystik transponiert Paul Gerhardt in die Sprache der Frömmigkeit. Süße und Schönheit, das wird sein Programm: „Dein Mund mich hat gelabet mit Milch und süßer Kost".

Kitsch? Ein Totschlagwort! Was soll dieser abwertende Begriff? Wird er nicht von Leuten benutzt, die kein Herz haben, die keine Innigkeit ertragen, die glauben, jede Gefühlsregung im Ansatz bekämpfen zu müssen? Die nur glatte Kälte gelten lassen, blutleere Verse? Oder kernig-deutsche Frömmigkeit? Was bedeutet denn Kitsch? Übertriebener Ausdruck, Schwülstigkeit, zu viel Seele, zu wenig Verstand. Und schon deshalb prallt dieser Vorwurf an Paul Gerhardt ab. Denn alle seine Lieder sind stets mit großer Intelligenz gedichtet. Und wenn sich Jahrzehnte später der große Friedrich über Gerhardts Lieder mokiert, der Hundefreund und Frauenverächter, dann fällt sein Spott doch nur auf ihn selbst zurück. Ein gefühlskalter Mensch kann keinen Zugang zu dieser Lyrik finden.

Eine Reihe der bekanntesten Lieder entsteht in kurzer Zeit. „Ein Lämmlein geht und trägt die Schuld" (EG 83), „Auf, auf, mein Herz, mit Freuden" (EG 112), „Nun danket all und bringet Ehr" (EG 322, GL 267), geistliche Liebeslieder, sinnliche Lieder. So kann nur ein Autor dichten, der die Liebe kennt, der selbst liebt, sinnlich liebt, hautnah und sehr konkret.

Und tatsächlich: Paul Gerhardt hat sich verliebt. Nicht plötzlich, nicht über Nacht. Er kennt sie schon lange, kannte sie schon von seiner ersten Berliner Stunde an. Eine wunderbare

Frau, ein Mädchen, wie es Salomo in seinem Hohen Lied besingt: Anna-Maria heißt seine Auserwählte. Das hübsche Kind des Ehepaares Berthold, der Familie, in der er als Hauslehrer wirkt. Paul Gerhardt hat sich in seine Schülerin verliebt, will sie zur Frau nehmen. Aber dafür braucht er einen ordentlichen Beruf, muss er den Ernährer spielen. Auch wenn ihm überhaupt nicht danach ist. Ordnung muss sein!

Die Suche nach einer Anstellung führt ihn nach Mittenwalde, zum Glück nicht weit weg, direkt vor die Tore Berlins. Die Probsteistelle ist frei geworden und man sucht einen Nachfolger. Aufgrund der guten Zeugnisse der Berliner Geistlichkeit entscheidet man sich für Paul Gerhardt. Am 18. November 1651 wird er ordiniert. Nun steht einer Hochzeit nichts mehr im Weg. Paul Gerhardt wird Ehemann, wird Vater. Fünf Kinder werden dem Paar geschenkt. Dennoch, hier draußen auf dem Land gelingt es ihm nicht, heimisch zu werden.

Immer wieder liest er den uralten lateinischen Text. Es ist ein Klagelied und zugleich ein Liebeslied voll unglaublicher, erschreckender Sinnlichkeit. Gedichtet wurde es im 13. Jahrhundert von einem Mönch, von Arnulf von Löwen, dem Abt von Villers in Brabant. In sieben Abschnitten wird je ein Körperteil besungen, genauer gesagt die sieben Wunden Jesu. Ein Liebeslied an Jesu Füße, an seine Knie, an seine Seite, seine Brust, sein Herz, sein Antlitz. Zu beten beim Anblick des gemarterten Jesus am Kruzifix. Beim Streicheln seiner geschundenen Glieder, beim Küssen seiner Wunden: Jesusminne.

Tief angerührt, ja bis ins Mark erschüttert, macht sich Paul Gerhardt an die Arbeit. Er übersetzt die Verse ins Deutsche, gibt ihnen seinen eigenen Rhythmus, ein unverwechselbares Gepräge. Als er mit der Arbeit fertig ist, zeigt er sie sogleich seinem Freund Johann Crüger. Dieser überlegt nicht lange. Für das „Salve caput cruentatum" kommt nur *eine* Melodie in Betracht.

Ein Liebeslied – als Vorlage für ein erschütterndes Trauerlied, für eine Karfreitagsklage? Wie geht das zusammen? Stellen wir uns vor, wir würden auf die Melodie eines Schlagers, den jeder in den Straßen trällert, ein Kirchenlied erklingen hören. Auf die Melodie von „Yesterday" etwa. Würde sich nicht alles in uns empören? Oder auf „Lili Marleen". Was würden wir empfinden, wenn jemand ein Karfreitagslied darauf dichten würde?

Unter seinem Kreuze
hoch auf Golgotha
stand stumm in ihrem Schmerze
die Mutter Maria.

Wie grausam! Wir sind sicher, viele Gläubige würden empört das Gotteshaus verlassen. Nicht nur wegen des grottenschlechten Textes (der ließe sich ja vielleicht verbessern), sondern wegen der unpassenden weltlichen Melodie. Weltlich und göttlich: Kategorien, die sich ausschließen? In der Barockzeit scheint man nicht so empfunden zu haben. Johann Crüger jedenfalls hatte keine Hemmungen, das beliebte Liebeslied „Mein G'müt ist mir verwirret, das macht ein Jungfrau zart" zu verwenden. Und Paul Gerhardt wohl ebenfalls nicht. So entstand das bekannteste aller Passionslieder, die Vorlage für viele weitere Karfreitagsgesänge, das Grußlied auf das Antlitz unseres sterbenden Erlösers (EG 85, GL 179):

O Haupt voll Blut und Wunden,
voll Schmerz und voller Hohn!
O Haupt, zum Spott gebunden
mit einer Dornenkron!
O Haupt, sonst schön gezieret
mit höchster Ehr und Zier,
jetzt aber höchst schimpfieret,
gegrüßest seist du mir!

Ein Liebeslied, das zu einem unsterblichen Passionslied wird. Aber auch das Gegenteil kommt vor. Dass ein geistliches Lied zum Volkslied wird, das nicht nur in dunklen Kirchenräumen erklingt, sondern auch draußen in der Natur, beim Anblick der erblühenden Bäume, der grünenden Wiesen und Felder. Ein Sommergesang (EG 503):

Geh aus, mein Herz, und suche Freud
in dieser lieben Sommerzeit
an deines Gottes Gaben.
Schau an der schönen Gärten Zier,
und siehe, wie sie mir und dir
sich ausgeschmücket haben.

Die Bäume stehen voller Laub,
das Erdreich decket seinen Staub
mit einem grünen Kleide;
Narzissus und die Tulipan,
die ziehen sich viel schöner an
als Salomonis Seide.

Fünfzehn Strophen hat dieses Gerhardt-Lied und ist damit keinesfalls eine Ausnahme. Viele seiner Lieder haben diese Länge. Nachdem sieben Strophen lang die Schönheit der Natur besungen wird, die Vögel, die Waldtiere, die Bächlein, die Bienen, der Weizen, verwendet Gerhardt den zweiten Teil des Liedes dafür, Gott zu danken und Analogien zur Blüte der eigenen Seele zu finden. So gelingt es ihm, auch seinen Aufenthalt auf dem Lande zu nutzen. Dennoch, die Zeit wird ihm in Mittenwalde immer saurer.

Die Chaussee nach Berlin – für ihn ist sie das Beste an Mittenwalde! Sooft er kann, macht Paul Gerhardt sich auf den Weg. Die provinzielle Atmosphäre auf dem Land ist ihm häufig unerträglich. Er vermisst die Anregung der Stadt, die Kirche St. Nikolai, vor allem Johann Crüger. Was sind all seine Lieder wert, wenn sie niemand zum Klingen bringt? Als 1657 das dritte Diakonat an St. Nikolai frei wird, bewirbt er sich sofort.

Endlich! Zurück in Berlin. Um wie viel besser ist es, hier der Dritte zu sein, als der Erste auf dem Dorf! St. Nikolai, seine geliebte, so wohlklingende Kirche!

Erneut stürzt sich Paul Gerhardt zusammen mit Crüger in die Arbeit. Ein neues Gesangbuch muss her! Ihre Schaffenskraft ist ohnegleichen: Fünfundneunzig Lieder von Paul Gerhardt enthält schließlich die letzte Auflage von Johann Crügers St. Nikolaier Gesangbuch! Und die Gemeinde singt sie alle mit Inbrunst und Begeisterung. Vieles sind freie Schöpfungen, andere basieren auf Psalmen und anderen Bibelstellen. Eine äußerst fruchtbare Zeit, die jedoch ein jähes, trauriges Ende nimmt.

Es beginnt mit einem Toleranzedikt und endet mit einem handfesten Streit. Nein und nochmals nein! Paul Gerhardt weigert sich. Diese Erklärung wird er nicht unterschreiben – selbst wenn sie von höchster staatlicher Stelle kommt, vom Fürsten persönlich. Warum sollte er auch? Er ist doch gar nicht gemeint, gar nicht betroffen. Er ist doch keiner der Eiferer, der Orthodoxen, keiner, der mutwillig einen Streit vom Zaune bricht, keiner, der in seinen Predigten gegen die Glaubensfeinde wettert. Warum soll er dann unterschreiben? Bloß weil er dazugehört, weil auch er Lutheraner ist? Um ihn auf Linie zu bringen, ihm zu zeigen, wer hier der Herr im Hause ist?

Das Ganze ist ein Machtkampf. Wer ist der Stärkere? Der Große Kurfürst, an sich ein besonnener Mann, kann es sich nicht bieten lassen, dass ihm ein kleiner Pfarrer widerspricht. Da bleiben nur zwei Möglichkeiten: Entweder Gerhardt unterschreibt – oder er verliert seine Anstellung. Der Kurfürst ist nicht gewillt, in dieser Frage nachzugeben. Zu unerquicklich ist der

Streit, zu borniert die Haltung der Lutheraner. Sie wollen sein Toleranzedikt nicht, wollen keine reformierten Christen in der Mark Brandenburg dulden. Wehret den Anfängen, ist ihre Devise. Sie mutmaßen, dass als Nächstes die Katholiken folgen und dann die Juden. Und tatsächlich kommt es später so, ziehen Tausende von Juden nach Berlin, dann viele Glaubensflüchtige aus Frankreich, Hugenotten, Reformierte.

Der Kurfürst ist ein toleranter Mann. Er weiß nämlich, dass sich seine Macht vergrößern lässt, weil durch die vielen fleißigen Zuwanderer die Wirtschaft prosperiert. Seine ehrgeizigen Pläne will er sich nicht durch ein paar dickschädelige Lutheraner zerstören lassen, die das Volk in ihren Predigten aufhetzen. Alle Pfarrer in seinem Fürstentum müssen diese Erklärung hier unterschreiben. Keine Polemik gegen Andersgläubige! Wer nicht unterschreibt, der fliegt.

Paul Gerhardt bleibt stur. Er unterschreibt nicht.

Große Unruhe herrscht in St. Nikolai. Wie wird der Kurfürst reagieren? Wird er seine Drohung wahr machen und Paul Gerhardt aus dem Amt jagen? Voller Besorgnis wenden sich die Gemeindemitglieder an den Magistrat der Stadt, bitten, man möge sich für den beliebten Pfarrer, dessen Lieder man so außerordentlich schätzt, verwenden. Und tatsächlich, der Magistrat versucht beim Kurfürsten sein Glück. Man lobt Paul Gerhardt mit großen Worten, erwähnt seine Lauterkeit, dass er niemals gehetzt, nie ein negatives Wort über den Kurfürsten verloren habe. Was für ein Verlust würde sein Weggang bedeuten, wie würde man sich anderswo über sie das Maul zerreißen, einen solchen Mann fortzujagen, dessen Lieder überall schon gesungen werden?

Der Kurfürst gibt sich unbeeindruckt, aber er reagiert geschickt. Er revidiert sein Urteil nicht, lässt es aber nicht vollziehen. Paul Gerhardt kann weiter in St. Nikolai bleiben, darf im Pfarrhaus wohnen, bekommt immer noch seinen Lohn bezahlt … obwohl er offiziell entlassen ist.

Man könnte es dabei belassen. Allein, auch der Schwebezustand wird als Belastung empfunden. Die Landstände, die politischen Vertreter der Stände gegenüber dem Landesherrn, machen die Frage zu ihrer Angelegenheit: Man will eine förmliche Entlastung Paul Gerhardts erreichen. Und tatsächlich, der Große Kurfürst, der froh ist, in schwierigen und politisch wichtigen Fragen eine Einigung mit den Ständen erzielt zu haben, gibt in diesem Detail nach. Soll er wegen eines kleinen Gottesmanns den inneren Frieden gefährden? Er lässt seinen Schreiber kommen und diktiert: *„...so wollen wir ihn in plene hiermit restituiret und ihm sein Predigtamt nach wie vor zu treiben verstattet haben."*

Die ganze Prozedur hat Paul Gerhardt schwer mitgenommen. Er ist eben kein Kämpfer, kein „agent provocateur". Es verschafft ihm keine Befriedigung, sich mit der Obrigkeit anzulegen; er drängt sich nicht in die Rolle eines Märtyrers. Er will nur eins: in Ruhe und Bescheidenheit sein Amt ausüben und Zeit haben für das, was ihm das Wichtigste ist – seine Lieder. Der Streit hat ihn zermürbt und ihm alle Energie geraubt. Und so kann ihn das großzügige Angebot des Kurfürsten nicht erfreuen. Er spürt, dass er hier fehl am Platz ist, nur geduldet wird ... Alle seine Freunde, alle, die sich für sein Bleiben eingesetzt haben, sind erschüttert, als Paul Gerhardt das Angebot des Kurfürsten ablehnt.

Sechzig Jahre ist er nun alt – und es geht ihm nicht gut. Persönliche Schicksalsschläge verstärken das Übel. Vier seiner Kinder sterben, nur sein Sohn Paul Friedrich wird ihn überleben. Als auch Anna Maria, seine Frau, erkrankt und stirbt, scheint seine Lebensenergie endgültig erloschen. Kein Lied, keine Schrift erscheint mehr aus seiner Feder. Der Dichter verstummt und ebenso die Quellen über ihn.

Wir wissen nur, dass er 1669 nach Lübben in den Spreewald ging, um in der dortigen ärmlichen Gemeinde eine der drei Pfarrstellen zu übernehmen. Eine Schwägerin führte ihm den

Haushalt. Er hatte in Lübben deutsche und wendische Gemeindemitglieder zu betreuen, wurde aber von den Spreewäldern eher kühl empfangen. Dokumentiert ist, dass Paul Gerhardt den sächsischen Religionseid leistete, der noch unverfälscht und kampfentschlossen zur reinen lutherischen Lehre stand. Mehr wissen wir nicht.

Das Einzige, was uns von Paul Gerhardt aus dieser Zeit überliefert ist, sind die Eintragungen aus seiner Feder in den Kirchenbüchern. Geburten, Taufen, Namen, Zahlen, Sterbedaten. Kein Lied, kein einziger Vers mehr. Am 27. Mai 1676 ist Paul Gerhardt gestorben. Im Chorraum der Lübbener Kirche, die seit 1930 seinen Namen trägt, liegt er begraben.

Kaum ein Kirchenmusiker, kaum ein evangelischer Theologe, der sich nicht mit Paul Gerhardt und seinen Liedern beschäftigt hätte. Schon der Nachfolger von Johann Crüger, der Kantor Johann Georg Ebeling, sorgte für ihre Verbreitung, indem er 120 Lieder, davon 26 Neuvertonungen, in einem eigenen Liederbuch zusammenfasste. Johann Sebastian Bach griff „O Haupt voll Blut und Wunden" in seiner Matthäuspassion auf, zitierte es auch in der Johannespassion, und erhob das Lied damit in den höchsten musikalischen Rang. Heute gehört es zum Weltkulturerbe.

In der Zeit der Aufklärung und der Klassik etwas in Vergessenheit geraten, entdeckten die Romantiker Paul Gerhardt wieder. Seine tiefe Frömmigkeit verzauberte ihre Herzen.

Es kommt wohl auch heute sehr auf die eigene Befindlichkeit an, wie man zu den Liedern Paul Gerhardts steht. Dietrich Bonhoeffer etwa verurteilte sie zunächst recht scharf, sah in ihnen eine Aufweichung des klaren Stils Luthers. Zu „subjektiv" erschien ihm Paul Gerhardts Lyrik. Als Bonhoeffer jedoch im Gefängnis ausharren musste, trösteten ihn Paul Gerhardts Verse – gerade wegen ihrer persönlichen Färbung – und er lernte viele von ihnen auswendig.

Heute ist Paul Gerhardt mit neunundzwanzig Liedern im Evangelischen Gesangbuch einer der am häufigsten vertretenen Dichter und auch in katholischen Messfeiern singen die Gläubigen seine Lieder. Selbst die von Gerhardt so scharf abgelehnten reformierten Christen haben längst ihren Frieden mit dem Dichter geschlossen. Auch in ihren Gesangbüchern ist er wie selbstverständlich vertreten. Paul Gerhardt, einer der bildhaftesten und anschaulichsten Poeten, der mit seiner tiefen Frömmigkeit die Menschen bis zum heutigen Tage mit Trost und Freude erfüllt.

Martin Luther

Es war doch wirklich zum Aus-der-Haut-Fahren! Wie lange sollte er sich das noch anhören? Dieser klägliche Gesang, dieses Gekrächze! Da taten einem ja die Ohren weh! Jeden Sonntag ein solch disharmonisches Durcheinander, eine solche Katzenmusik! Grausam, unerträglich! Dabei hatten sie Zeit genug gehabt, seine Lieder zu lernen. Mehr als genug. Darauf konnten sie sich nicht hinausreden. Jahre schon war es her, dass er die Lieder gedichtet hatte, jeden Sonntag trugen die Schüler sie der Gemeinde vor und immer noch kannten sie nur die wenigsten, murmelten und brummten die Leute unverdrossen unverständliches Zeug vor sich her.

Ein Lob Gottes, ein freudiger Dankgesang? Nein, der klang anders! Wie auf einer düsteren Grabesversammlung kam sich Luther vor. Nun reichte es ihm, lange genug hatte er zähneknirschend zugehört, viel zu lange. Jetzt würde er ihnen die Leviten lesen, aber gewaltig! Und schon legte er los. Die Familienväter fasste er dabei besonders scharf ins Auge, war es doch ihre Aufgabe, die Lieder daheim einzustudieren.

Luther geriet ins Poltern und Schimpfen, und mit kräftigen Ausdrücken ermahnte er die Gemeinde, ihn nicht länger mit einem solch kümmerlichen Gesang zu belästigen. Erschrocken und ertappt sahen ihn die Menschen an. Keiner wollte ihn doch verärgern, den geliebten Luther, und man gelobte heimlich Besserung …

Keine Frage, der Gesang war ihm wichtig. In dieser Frage würde er nicht lockerlassen. Nicht nur, weil er selbst so gerne musizierte und viele Mahlzeiten im Freundes- und Familienkreis mit fröhlichen Liedern umrahmte (er griff sogar selbst oft zur Laute). Das war es nicht allein. Auf den Gemeindegesang legte er noch aus einem anderen Grund besonderen Wert. Er spürte nämlich genau, welche Macht Lieder ausüben konnten. Stärker noch als das gesprochene Wort wirkte der Gesang auf die Seelen der Menschen. Eine Predigt? Morgen schon vergessen! Ein gutes Lied? Klingt in den Köpfen weiter – und in den Herzen. Wer die Kirche reformieren wollte, durfte nicht nur kluge Disputationen führen, die Fehler der alten Kirche aufzeigen. Wer das Volk erreichen wollte – und darauf kam es Luther an –, der musste auch auf einem anderen Felde siegen: im Reiche der Musik!

„Ich gebe der Musik den ersten Platz – nach der Theologie", pflegte er zu sagen. Und er forderte seine Freunde auf, für neue Lieder zu sorgen. Nicht, dass ihm die alten nicht gefallen hätten! Da waren durchaus einige, die ihm sehr ans Herz gewachsen waren, deren Schönheit ihn zutiefst ergriff. Zu Ostern etwa, wenn im Erfurter Kloster in der Auferstehungsnacht zum wiedererwachten Lichterglanz das „Christ ist erstanden" ertönte. Ein Gänsehautlied! Auch von ihren theologischen Aussagen waren viele der gängigen Lieder passabel. Man musste nicht alles neu erfinden. Und dennoch war es wichtig, der neuen Bewegung auch durch neue, eigene Lieder Identität zu verschaffen.

So hatte er sich selbst an die Arbeit gemacht. Von Herbst 1523 bis zum Sommer 1524 waren allein vierundzwanzig Lieder entstanden. Oft mit eigens komponierten Melodien. Die Grundlage für ein neues Liederbuch war geschaffen. Zunächst waren die meisten Lieder als Flugschriften erschienen, lose Blätter zur schnellen Verbreitung. Dann fasste man die Lutherlieder zusammen und das Bündel wuchs schnell heran.

Auch bei seinen Liedern achtete Luther – wie bei seinen übrigen Arbeiten – genau auf die Textgrundlage. Die besonders geliebten Psalmen bildeten seine wichtigste Inspirationsquelle. Aber auch hier, wie bei seiner Bibelübersetzung, kam es ihm nicht auf die wortgetreue Übertragung an. Wichtiger war ihm die Wirkung seiner Worte. Und die stellte sich nur ein, wenn man dem Volk aufs Maul schaute, wie er es nannte. Er bemühte sich um eine kräftige, bildhafte Sprache (EG 299):

Aus tiefer Not schrei ich zu dir,
Herr Gott, erhör mein Rufen.
Dein gnädig' Ohren kehr zu mir
und meiner Bitt sie öffne;
denn so du willst das sehen an,
was Sünd und Unrecht ist getan,
wer kann, Herr, vor dir bleiben?

Eine völlig neue Art von Liedern entstand auf diese Weise. Die Psalmen dichtete Luther zu Liedern in Strophenform, machte sie dadurch für die Gemeinde singbar. „Ach Gott, vom Himmel sieh darein" (EG 273) und „Es wolle Gott uns gnädig sein"(EG 280) sind Beispiele für diese neue, durch Luther geprägte Liedgattung. Psalmlieder in Strophen.

Aber nicht allein Psalmlieder dichtete Luther. Auch als gesungene Botschaft, als klingender Katechismus, sind ihm die Lieder wichtig. Wie wenig Menschen waren damals des Lesens kundig! Besonders für sie waren solche Lieder lehrreich, vermittelten sie doch auf leichte Art die zentralen christlichen Glaubensinhalte. Ein Beispiel hierfür sind die Zehn Gebote, die Luther in Versform brachte und vertonte.

Die Macht des gesungenen Wortes nutzte der Reformator auch für manchen Protest- und Kampfgesang. Schmerzlich berührt von der Nachricht des Todes zweier junger Mönche, die man in Brüssel hatte foltern und verbrennen lassen, weil sie für seine Lehre eingestanden waren, dichtete er voller Zorn ein Lied, um ihr Andenken zu bewahren und die Schandtaten der anderen Seite kundzutun. Es ist sozusagen ein Lied über die ersten evangelischen Märtyrer:

Sie sangen süß, sie sangen saur,
versuchten manche Listen;
die Knaben standen wie ei' Maur,
veracht'en die Sophisten.
Den alten Feind das sehr verdross,
dass er war überwunden
von solchen Jungen, er so groß;
er ward voll Zorn, von Stunden
gedacht sie zu verbrennen.

Zwei große Feur sie zündten an,
die Knaben sie herbrachten.
Es nahm groß wunder jedermann,
dass sie solch Pein veracht'en.
Mit Freuden sie sich gaben d'ein,
mit Gottes Lob und Singen.
Der Mut ward den Sophisten klein
vor diesen neuen Dingen,
da sich Gott ließ so merken.

Zehn Strophen wurden es insgesamt. Das Lied verbreitete sich
rasch und seine Botschaft empörte die Menschen. Luther hatte
sein Ziel erreicht. Überhaupt nutzte er die Medien, wann immer er konnte. Die von Gutenberg neu entwickelte Drucktech-
nik mit beweglichen Lettern wurde zu seiner wichtigsten Waffe.
Über Flugblätter konnte man billig und schnell viele Menschen
erreichen.

Herbst 1523. Die wichtigsten Kämpfe wie der Thesenanschlag
oder der Reichstag in Worms lagen damals schon hinter ihm.
Luther hatte geheiratet und sich in Wittenberg häuslich ein-
gerichtet, als er mit dem Dichten der Kirchenlieder begann.
In vielen Fällen schrieb der begnadete Musiker, dessen hohen
„tumpenen" Tenor viele gerne hörten, auch noch die Melodie

mit eigener Feder nieder. Alle seine Lieder aber konnte er nicht selbst vertonen. Eine große Hilfe war ihm dabei der Kantor Johann Walter aus Torgau, der Herausgeber des ersten evangelischen Chorgesangbuchs. Später nannte man ihn den „Urkantor" der evangelischen Kirche. Im Jahr 1525 kam Johann Walter für drei Wochen nach Wittenberg, um viele von Luthers neuen Liedtexten zum Klingen zu bringen.

Als genügend eigene Lieder verfügbar waren, begann Martin Luther sie systematisch zusammenzustellen und in einer bestimmten Ordnung in seinen Gottesdiensten zu verwenden. Eine besondere Aufgabe hatte ihnen der Reformator zugedacht. Neben der Predigt sollten sie zentrale liturgische Funktionen übernehmen. Nicht als nettes, schmückendes Beiwerk, als musikalisches Ornament, nein, als wesentliches strukturierendes Element.

So entstand die Gottesdienstordnung, wie wir sie heute noch in lutherischen Gottesdiensten kennen. Den Anfang macht der Introitus, das Eingangslied, oft ein Psalmlied oder – je nach Jahreszeit – ein Festlied. Zwischen Epistel und Evangelium folgt ein Graduallied, ein einfacher und kunstvoller Wechselgesang, dann die festliche gesungene Umrahmung der Predigt, etwa durch Anrufung des Heiligen Geistes zu Beginn und ein Bekenntnislied als Bestätigung des Gehörten zum Schluss. So soll die Gemeinde aktiv in die Gottesdienstgestaltung mit einbezogen werden.

Er ist tot! Ertrunken, mitgerissen von den Fluten. Martin Luther ist fassungslos. Sein erster Gedanke: Das ist nur ein böser Traum – unmöglich kann die Nachricht wahr sein!

Es ist der 5. Juli 1524, als sein junger Freund Wilhelm stirbt. Bei einer Kahnfahrt auf der Elbe ist er gekentert, ins Wasser gestürzt und ertrunken. Wilhelm Neesen, der hoffnungsvolle junge Humanist, sein enger Freund. Was haben sie nicht alles für Pläne geschmiedet! Und nun das Aus! Wie unbarmherzig ist der Tod, wie könnte man an ihm verzweifeln!

Luther verzweifelt nicht. Er versucht, seinem Schmerz Ausdruck zu verleihen und zugleich den Verstorbenen zu ehren. Er tut es mit einem Lied. Ja, auch dazu kann das Dichten gut sein: um Schmerz zu bewältigen, das Unbegreifbare begreifbar zu machen. Luthers Trauerlied um den verstorbenen Freund lehnt sich an einer alten, traurig-tröstlichen Weise an (EG 518, GL 654):

Mitten wir im Leben sind
mit dem Tod umfangen.
Wer ist, der uns Hilfe bringt,
dass wir Gnad erlangen?
Das bist du, Herr, alleine.
Uns reuet unsre Missetat,
die dich, Herr, erzürnet hat.
Heiliger Herre Gott, heiliger starker Gott,
heiliger barmherziger Heiland,
du ewiger Gott: lass uns nicht versinken
in des bittern Todes Not.
Kyrieleison.

Viele Wirkungen können Luthers Lieder haben: tröstende, politische, bildende, den Gottesdienst gestaltende. Ihre wichtigste Aufgabe – neben der Verherrlichung Gottes im Gesang – ist jedoch eine andere und Martin Luther wird nicht müde, auf sie hinzuweisen: Es ist die Wirkung des Gesangs auf den singenden Menschen, auf seine Seele.

Ein Mensch, der singt, verändert sich. Sobald er die ersten Töne erklingen lässt, ist er nicht mehr derselbe. Eine faszinierende psychologische Wirkung, hervorgerufen durch die vollkommene Vergegenwärtigung des Menschen im Gesang. Beim Anstimmen eines Liedes verschwinden Vergangenheit und Zukunft, der Mensch wird mit dem Jetzt, der Gegenwart, völlig identisch, verschmilzt mit ihr, macht sich keine Gedanken mehr um den Schrecken von gestern und die Sorgen von morgen. Keine andere Tätigkeit kann eine solch mächtige Wirkung entfalten. Alle Trübsal, alle Last, alle bedrückenden Gedanken, alle Ängste und Zweifel, selbst Neid und Missgunst, wirft der singende Mensch von sich, all das, was Luther als Teufelswerk bezeichnet. Mit seiner Stimme hebt sich auch die Stimmung des Menschen, wird leicht und fröhlich, offen und bereit, Gottes Wort in sich aufzunehmen:

Hier kann nicht sein ein böser Mut,
wo da singen Gesellen gut.
Hier bleibt kein Zorn, Zank, Hass noch Neid;
weichen muss alles Herzeleid.

Welches ist wohl Luthers beliebtestes Lied? Wir kennen es alle. Es ist ein Lied mit einer besonderen Geschichte. Ein Lied, das er für seine eigenen Kinder gedichtet hat, für ein Krippenspiel am Heiligen Abend, wenn alle Herzen höher schlagen. Es ist eine Art Rätsellied, ein Schauspiel, in Töne gesetzt, und beschreibt die Ankunft des Verkündigungsengels auf der einsamen Weide bei Bethlehem, bei den Hirten auf dem Felde, die sich erschrocken die Augen reiben.

Ohne zu zögern griff Luther ein weltliches Lied auf, wie es von fahrenden Bänkelsängern benutzt wurde; eine bekannte Weise, die auf eine spannende Moritat neugierig machen soll – wie etwa die Geschichte einer Kindsmörderin oder ein anderes schauerliches Verbrechen. Der Bänkelsänger pflegte seinen Vortrag einzuleiten, indem er sang:

Ich komm von fremden Landen her
und bring euch viel der neuen Mär.
Der neuen Mär bring ich so viel,
mehr denn ich euch hier sagen will.

„Warum soll der Teufel alle hübschen Lieder für sich haben?",
dachte Martin Luther bei sich und dichtete das Lied kurzerhand
um (EG 24):

Vom Himmel hoch, da komm ich her,
ich bring euch gute neue Mär,
der guten Mär bring ich so viel,
davon ich singn und sagen will.

Eine besondere Stellung in seinem dichterischen Werk nimmt eines der spätesten Lieder Martin Luthers ein. Es ist vielleicht sein
poetischstes Werk, ein Lied ohne belehrende Absicht, erst recht
ohne jede politisch-kämpferische. „Politisch Lied, garstig Lied!",
heißt es frei nach Goethe – und tatsächlich ist es ja wohl so, dass
die schönsten Lieder immer unter den Liebesliedern zu suchen
sein werden. Ja, auch ein Liebeslied hat Luther gedichtet und
wir wollen es jedem freistellen zu vermuten, Luther könnte beim
Dichten vielleicht auch an seine Frau Katharina gedacht haben.
Es ist ein Lied, das leider nicht in unseren Gesangbüchern steht,
deshalb seien die ersten zwei Strophen ungekürzt wiedergegeben:

Sie ist mir lieb, die werte Magd,
ich kann ihr's nicht vergessen.
Lob, Ehr und Zucht von ihr man sagt,
sie hat mein Herz besessen.
Ich bin ihr hold,
und wenn ich sollt
groß Unglück han,
da liegt nicht an;
sie will mich ergötzen
mit ihrer Lieb und Treu an mir,
die sie zu mir will setzen,
und tun all mein Begier.

Sie trägt von Gold so rein ein' Kron,
da leuchten inn' zwölf Sterne;
ihr Kleid ist wie die Sonne schon,
das glänzet hell und ferne.
Und auf dem Mond
ihr Füße stehn,
sie ist die Braut,
dem Herrn vertraut.
Ihr ist weh und muss gebären
ein schönes Kind, den edlen Sohn,
und aller Welt ein' Herren;
dem ist sie untertan.

Ein Liebeslied an Maria, 1535 entstanden, als Luther bereits zweiundfünfzig Jahre alt war. Auch die Melodie fällt aus dem gewohnten Rahmen. Die Weise erinnert an ein höfisches Kunstlied, ein Minnelied, kaum für den Gesang in der Gemeinde bestimmt. Vielleicht ist es Luthers persönlichstes Lied, ein Liebeslied für die Gottesmutter, für Maria. Es zeigt auch, dass die Marienverehrung keineswegs eine rein katholische Angelegenheit ist, sondern dass auch Martin Luther eine innige Marienfrömmigkeit pflegte.

Das bekannteste und wirkungsvollste aller seiner Lieder aber ist ein anderes. Es hat eine so außerordentlich spannende Rolle gespielt, dass ihm das ganze folgende Kapitel gewidmet werden soll. Gemeint ist die „Marseillaise der Reformation".

Welche Facette, welchen Zweck seine Lieder auch immer gehabt haben mögen, fest steht, dass Martin Luther sie stets hoch schätzte. In seiner Vorrede „auf alle guten Gesangbücher" in Johann Walters „Lob und Preis der löblichen Kunst Musika" dichtete Luther 1538:

Vor allen Freuden auf Erden
kann niemand' kein feiner werden,
denn die ich geb mit mein'm Singen
und mit manchem süßen Klingen.

Die Marseillaise der Reformation

WAHRSCHEINLICH STAND ES auf einem Flugblatt. Belegt ist es nicht, aber anzunehmen. So manches seiner Lieder hat Martin Luther auf diese Weise erscheinen lassen, weil es sich dadurch leichter verbreiten, in einer höheren Auflage drucken ließ.

Luther spürte genau, welche Macht von einem Lied ausgehen kann. Mit den Schriften und Predigten erreichte er den Kopf der Gläubigen, mit der Musik aber ihr Herz. Und für dieses Lied hier hatte er nicht nur den Text geschaffen, sondern zugleich die Melodie. Ein selbstbewusstes Lied ist es geworden, ein Trutzlied. Ein Kampflied für die Sache der Reformation (EG 362):

Ein feste Burg ist unser Gott,
ein gute Wehr und Waffen.
Er hilft uns frei aus aller Not,
die uns jetzt hat betroffen.
Der alt böse Feind
mit Ernst er's jetzt meint;
groß Macht und viel List
sein grausam Rüstung ist,
auf Erd ist nicht seinsgleichen.

Zu welcher Gelegenheit es wohl entstanden ist? Manche sagen, bereits 1521 beim Einzug zum Reichstag in Worms – jenem Reichstag, auf dem man Luther zum Widerruf seiner Thesen aufgefordert hatte, woraufhin er die berühmten Worte „Hier stehe ich, ich kann nicht anders, Gott helfe mir!" gesprochen haben soll. Andere behaupten, es müsse auf der Wartburg entstanden sein, wo Luther als Junker Jörg versteckt in den Jahren 1521 bis 1522 die Bibel übersetzte. Mit dem „alt bösen Feind",

86

der mit „groß Macht und viel List" daherkommt, sei der Vatikan gemeint, der Papst und seine Anhänger.

Vielleicht ist das Lied aber auch auf einer anderen Burg entstanden, im Jahr 1530, weiter südlich auf der Veste Coburg, von wo aus Luther Kontakt zu seinen Freunden auf dem entscheidenden Reichstag in Augsburg hielt. Die Nachricht vom Einfall der Türken könnte ihn zu diesem Kampfeslied inspiriert haben. Gesichert ist, dass es 1533 im Klugschen Wittenberger Gesangbuch erschien. Der Text gründet auf Psalm 46:

Gott ist unsere Zuversicht und Stärke, eine Hilfe in den großen Nöten, die uns getroffen haben. Darum fürchten wir uns nicht, wenngleich die Welt unterginge und die Berge ins Meer sänken, wenngleich das Meer wütete und wallte und von seinem Ungestüm die Berge einfielen.

Dennoch soll die Stadt Gottes fein lustig bleiben mit ihren Brünnlein, da die heiligen Wohnungen des Höchsten sind. Gott ist bei ihr drinnen, darum wird sie fest bleiben; Gott hilft ihr früh am Morgen.

Die Heiden müssen verzagen und die Königreiche fallen; das Erdreich muss vergehen, wenn er sich hören lässt. Der Herr Zebaoth ist mit uns, der Gott Jakobs ist unser Schutz.

Kommt her und schauet die Werke des Herrn, der auf Erden solch ein Zerstören anrichtet, der den Kriegen steuert in aller Welt, der Bogen zerbricht, Spieße zerschlägt und Wagen mit Feuer verbrennt.

Seid stille und erkennet, dass ich Gott bin! Ich will der Höchste sein unter den Heiden, der Höchste auf Erden.

Der Herr Zebaoth ist mit uns, der Gott Jakobs ist unser Schutz.

Drei Jahre später, 1532, gibt es gewaltigen Ärger in Schweinfurt. Der Pfarrer will am alten Glauben festhalten, will sich nicht zu Luther bekennen, hält seine Gottesdienste unverändert im traditionellen Ritus ab. Ringsherum haben sich Städte und Gemein-

den, allen voran die freie Reichsstadt Nürnberg, schon längst
für den neuen Glauben entschieden. Der Schweinfurter Pfarrer
aber ignoriert diese Entwicklung hartnäckig.

Darüber sind die Gläubigen verärgert, in vielen kocht die Wut.
Sie sind Anhänger Luthers, verlangen, dass die neue Lehre auch
in Schweinfurt verbreitet wird. Aber all ihr Protest fruchtet nicht,
der alte Pfarrer bleibt unbelehrbar. Da greifen sie zum letzten
Mittel: Sie versammeln sich am Sonntag auf dem Kirchplatz
und ziehen geschlossen in die Kirche, in die Eucharistiefeier ein.
Lautstark stimmen sie gemeinsam ihr Lied an: „Ein feste Burg
ist unser Gott!" Und was sie hoffen, geschieht: Die Mehrheit der
versammelten Gemeinde fällt in das Lied mit ein. Schweinfurt
wird evangelisch.

Rasch verbreitet sich das Lutherlied in ganz Deutschland; die
Kampfesstimmung der Reformationszeit macht es zur beliebten
Hymne. Schon bald wird es in die verschiedensten Sprachen
übersetzt, ins Dänische, Französische, Lateinische. Selbst ins
Plattdeutsche. „Ein faste Borg is unser Gott", singen die Men-
schen 1529 vor dem Lübecker Rathaus, wo sich die zaudernden
Ratsherren der Hansestadt zur Beratung über die künftige Stadt-
religion zurückgezogen haben, „mit em könnt wi uns wehren!".

Auch die Musiker machen mit. Sie greifen Text und Melodie
auf, variieren und erweitern sie. Zahlreiche Chorsätze entstehen,
Orgelfantasien, polyphone Orchesterwerke. Heinrich Schütz,
Johann Crüger, Michael Praetorius, Johann Pachelbel, Johann
Sebastian Bach und zahlreiche andere: Ein jeder will seine eigene Interpretation des Strophenliedes schaffen. Trutzig schallt
es durch den Kirchenraum, entschieden wie eine Fanfare:

Mit unsrer Macht ist nichts getan,
wir sind gar bald verloren;
es streit' für uns der rechte Mann,
den Gott hat selbst erkoren.

Fragst du, wer der ist?
Er heißt Jesus Christ,
der Herr Zebaoth,
und ist kein andrer Gott,
das Feld muss er behalten.

18. Oktober 1817. Hunderte von Studenten ziehen zur Wartburg hinauf – in altdeutschen Röcken, an ihrer Spitze das erhobene Burschenschwert. Mit beseelter Miene, im Bewusstsein der Bedeutung dieser Stunde steigen die jungen Leute, darunter viele Theologen, den Berg empor. Ein einiges, freies Deutschland, ein Vaterland ohne Fürstenwillkür und Zensur, ohne Fremdherrschaft, dafür wollen sie einstehen.

Stolz und frei, wie die Ritter des Mittelalters, so fühlen sie sich, als sie in die Wartburg einmarschieren. Schwarz, Rot, Gold sind ihre Farben, national ist ihre Gesinnung. Als sie den Rittersaal erreichen, wird alles ruhig. Ehrfürchtig stellen sie sich an der historischen Stätte zum Gebet auf. Und dann stimmen sie vereint das Lied an, das Lutherlied, das nicht nur für ihren Glauben steht, sondern in gleicher Weise für ihr Vaterland:

Und wenn die Welt voll Teufel wär
und wollt uns gar verschlingen,
so fürchten wir uns nicht so sehr,
es soll uns doch gelingen.
Der Fürst dieser Welt,
wie sau'r er sich stellt,
tut er uns doch nicht;
das macht, er ist gericht':
ein Wörtlein kann ihn fällen

* * *

Ein junger Lutheraner … wenn man ihn so nennen darf, denn nur zögerlich und heimlich hat er sich taufen lassen. Lediglich der Pastor ist dabei gewesen. Nicht mehr Harry, sondern Heinrich nennt er sich fortan. Auf den Taufschein kommt es Heine an; er soll seine Eintrittskarte in die europäische Kultur sein. Als gebürtiger Jude bliebe ihm sonst so manche Möglichkeit verschlossen. So sind die Zeiten.

Wie soll er etwa an einer deutschen Universität etwas werden? Ja, sogar wissenschaftliche Werke schreibt er. In seinem Buch über die Entwicklung der Religion und Philosophie, das 1834 erscheint, beschäftigt er sich auch mit Luther: „Ein Schlachtlied war jener trotzige Gesang, womit er und seine Begleiter in Worms einzogen. Der alte Dom zitterte bei diesen neuen Klängen und die Raben erschraken in ihren obskuren Turmnestern. Jenes Lied, die Marseiller Hymne der Reformation, hat bis auf unsre Tage seine begeisternde Kraft bewahrt."

* * *

Worms, 25. Juni 1868. In der Stadt wird ein großes, feierliches Fest veranstaltet. Der Platz ist schwarz von Menschen, die sich um ein großes, noch mit Stoffbahnen verschleiertes Denkmal scharen. Als man es enthüllt, ist jedermann ergriffen. Was für eine imposante Anlage! Eine Skulptur wie eine Felsenlandschaft, in deren Mitte, wie auf den Zinnen einer mächtigen Burg, sich der große Reformator erhebt. Als die letzte Hülle gefallen ist, stimmt man gemeinsam und mit erhobenem Herzen das bekannte Lied an, *seine* Hymne, die so trefflich in dieser Gedenkstätte anschaulich geworden ist: „Ein feste Burg ist unser Gott".

* * *

1871. Der Krieg ist gewonnen, die Franzosen sind geschlagen. In Versailles lässt sich Wilhelm I. zum deutschen Kaiser krönen. Ganz Deutschland befindet sich im Taumel. In begeistertem Nationalgefühl setzt sich Richard Wagner, der gefeierte Komponist, an den Flügel und komponiert einen Marsch, den Kaisermarsch.

Wie lässt sich das neue Nationalgefühl ausdrücken? Was verbinden die Menschen mit diesem Ereignis? Triumphal lässt Wagner wieder und wieder das alte Lutherlied erklingen, zitiert es an den erhebendsten Stellen: „Ein feste Burg ist unser Gott". Und er verknüpft es mit: „Heil! Heil dem Kaiser!"

Darf man das? Darf man ein Kirchenlied, einen Lobpreis Gottes, für nationale, politische Zwecke benutzen? Oder vergewaltigt man dadurch das Lied? Zugegeben, der Text verführt dazu. Wenn vom alten Feind die Rede ist, den es zu besiegen gilt – können damit nicht auch die Franzosen gemeint sein?

Das Wort sie sollen lassen stahn
und kein' Dank dazu haben;
er ist bei uns wohl auf dem Plan
mit seinem Geist und Gaben.
Nehmen sie den Leib,
Gut, Ehr, Kind und Weib:
lass fahren dahin,
sie haben's kein' Gewinn,
das Reich muss uns doch bleiben.

* * *

Ende des 19. Jahrhunderts. Neidisch hört so mancher Katholik zu, wenn die Lutheraner ihre Hymne singen. Manch einen reizt es, in dieses gewaltige Lied mit einzustimmen, das so sehr die Herzen erhebt und auch die Zuversicht. Wenn man doch nur selbst etwas Vergleichbares hätte!

So denkt auch Joseph Mohr, ein Kölner Jesuit. Schon manches Lied hat er gedichtet, ein neues muss her, eine Antwort auf Luther, auf die „Marseillaise" der Reformation. Lange feilt er an dem passenden Text, zieht bewusst Parallelen. Statt der festen Burg wählt er ein Haus. Nicht irgendein Haus natürlich, ein mächtiges muss es sein, ein Haus voll Glorie, ein hohes Haus, das weit über alle Lande schauet. Aus rechtem Geist erbauet, aus Gottes Meisterhand.

Auch Joseph Mohrs Lied wurde eines der beliebtesten Kirchenlieder, wozu die von dem Dichter selbst komponierte erhebend-festliche Melodie sicher beigetragen hat.

Eine Parodie? Keineswegs ein Einzelfall. Es gab zahlreiche davon, auch weltliche. Kaum eine Bewegung, die das Lutherlied nicht aufgegriffen, für ihre Zwecke umgedichtet hätte: 1848, als die Revolutionäre die weltliche Dreifaltigkeit „Freiheit, Wahrheit, Tugend" beschworen … Ende des 19. Jahrhunderts, als die sozialdemokratische Arbeiterbewegung dichtete: „Ein feste Burg ist unser Bund" … Bertolt Brecht, der – auf den Führer gemünzt – frech behauptete: „Ein große Hilf war uns sein Maul" … bis hin zur Anti-Atomkraft-Bewegung der Achtzigerjahre. Der Bekanntheitsgrad des Lutherliedes reizte dazu. Und sein kämpferischer Text.

* * *

1917. Erneut tobt ein Krieg, wieder zwischen Deutschen und Franzosen. Ein Krieg, wie er schrecklicher nicht gedacht werden kann, ein jahrelanger Stellungskrieg, zermürbend, mit den neuen Waffen, mit Gas und Granaten, grausam geführt. Da muss sich die Heeresleitung um die Motivation der Soldaten kümmern, damit sie auch im nächsten Jahr tapfer kämpfen und den entscheidenden Angriff führen.

Zum Reformationsfest, am 30. Oktober 1917 erscheint eine

Festausgabe der „Liller Kriegszeitung". Auf dem Titelbild sieht man zwischen zerplatzenden Granaten deutsche Infanteristen mutig gegen den Feind drängen. Die Bildunterschrift zitiert das Lutherlied: „… und wenn die Welt voll Teufel wär' …"

Jetzt ist die Grenze endgültig überschritten, jetzt wird das Lied, wird Luther missbraucht, um Kriegshetze und Fremdenfeindlichkeit zu predigen. Aber wer geglaubt hätte, damit wäre der Gipfel der Geschmacklosigkeit erreicht, der irrt. 1933, als mit Hitlers Machtergreifung auch die Kirchen gleichgeschaltet werden, als sich die Deutschen Christen formieren, Menschen, denen Hitler mehr bedeutet als Jesus Christus, die alles daran setzen, den Führer zu legitmieren, sich ihm anzudienen, Andersgläubige, ohne mit der Wimper zu zucken, den Nazis auszuliefern, da wählen sie sich eine Hymne – und ihre Wahl fällt auf das alte Lutherlied. Kein anderes erscheint ihnen geeigneter. Eine Mischung aus Kampfesgesang, völkischer Gesinnung und deutscher Rechtgläubigkeit glauben sie herauszuhören. Und so singen sie es bei jeder passenden und unpassenden Gelegenheit, mit Vorliebe beim Militär, wenn sie Tausende und Abertausende junge Männer hinaus auf die Schlachtfelder schicken: „… das Reich muss uns doch bleiben!"

* * *

Nach dem Zweiten Weltkrieg, nach der fürchterlichen Niederlage, wagte kaum einer mehr das Lied anzustimmen. Es war tot. Unsingbar. Nicht wegen seiner ursprünglichen Botschaft, sondern wegen des Missbrauchs, den man mit ihm getrieben hatte. Ja, auch Lieder kann man missbrauchen, kann sie in den Dienst der falschen Sache stellen, in Rattenfängermanier Gutgläubige auf die falsche Seite ziehen All das ist mit dem Lutherlied passiert. Nach dem Krieg wurde es schamhaft totgeschwiegen.

Langsam aber, mit wachsender Distanz zu der Zeit der Nazigräuel, begannen es die Gläubigen wieder zu entdecken. Man entpolitisierte es, entwickelte ein neues Gespür für das Eigentliche, das Religiöse an seiner Botschaft.

Wenn heute vom „bösen Feind" gesungen wird, ist jedem klar, wer damit gemeint ist. Nicht die Katholiken, nicht die Türken, nicht die Franzosen. Einzig und allein die niedrigen und gemeinen Instinkte in jedem von uns Menschen sind gemeint, der Egoismus, die Herzenskälte, die Gier. Das sind die Waffen des Bösen, die es zu bekämpfen gilt. Und wenn von dem Reich gesungen wird, das uns bleiben muss, so ist damit keine geografische Einheit gemeint, kein „von der Maas bis an die Memel", kein Nationalstaat, kein politischer Raum. Das Reich hat einzig und allein religiöse Bedeutung, verweist auf die Herrschaft Jesu Christi, auf seine Botschaft vom wahren Frieden, auf das Reich der Nächstenliebe, für das es zu kämpfen gilt:

Ein feste Burg ist unser Gott,
ein gute Wehr und Waffen.
Er hilft uns frei aus aller Not,
die uns jetzt hat betroffen.

David – König der Psalmen

(Eine moderne Interpretation, zu lesen in heiterer
Gemütsverfassung mit christlichem Humor)

GEHEN WIR ZURÜCK, sehr weit zurück. In eine Zeit, die sich der
genauen Beschreibung entzieht. Damals, vielleicht tausend Jahre vor der Geburt unseres Herrn, lebte ein Mann im Gelobten
Land, der Sohn eines einfachen Schäfers aus der Provinzstadt
Bethlehem, der es zu ungeheurer Berühmtheit bringen sollte.
Weil er ein großer Herrscher wurde, weil ihm Dinge gelangen,
die man sich von Generation zu Generation weitererzählte, die
man aufschrieb, damit sie nicht in Vergessenheit gerieten. Gewaltige Dinge, schreckliche Dinge, schöne Dinge. Unendlich
schöne. Sein Name war David.

Moses hatte die Israeliten in das Land geführt, wo Milch und
Honig fließt. Viel Zeit war seitdem vergangen. Saul, so hieß der
König, der über Israel herrschte in der Zeit, als der kleine David
die Herden seines Vaters Jesse hütete. Er führte die Tiere über
die kargen Hänge von Bethlehem, immer den Rinnsalen folgend
auf der Suche nach etwas frischem Grün. (Bethlehem scheint
über Jahrhunderte ein Zentrum der Schafzucht gewesen zu sein.
Erinnern wir uns nur an die Hirten in der Geburtsnacht unseres
Herrn.)

Schafe hüten war in jenen Zeiten keineswegs eine Aufgabe
für Schattenparker. Kein Vergleich zu heute, wo die größte Gefahr für Schafe von vorbeibrausenden Intercitys ausgeht. Damals
lauerten Feinde hinter jedem Felsen, der Löwe vor allem, die
wilde Steppenkatze. Vor nichts hatte er Respekt, und witterte er
Schafe, so war's um ihn geschehen. Für einen Lammbraten auf
englische Art, saftig und blutig, lief er meilenweit. Der deutsche

Schäferhund war in Israel noch unbekannt, und so musste ein Schäfer sich selbst zu helfen wissen, wollte er dem Stellenabbau in seiner Herde nicht kampflos zusehen. Zwar hatten die Chinesen das Schießpulver schon erfunden, jedoch noch nicht zum Export freigegeben. Man brauchte also andere Waffen.

David, wie jeder alttestamentliche Schafhüter, trug deshalb immer ein paar glatte Kieselsteine bei sich und eine Schleuder am Gürtel. Drängten sich die Schafe ängstlich an ihn, weil sie den Löwen witterten, zog David die Schleuder hervor, legte einen Stein in die Lederlasche, schwang sie dreimal über dem Kopf und ließ den Stein in Richtung der Bestie sausen. Ein Warnschuss reichte meistens aus. Außer wenn der Löwe einen Bärenhunger hatte. Dann brauchte es einen zweiten Stein, bis der ungebetene Gast endgültig Fersengeld gab. Denn David traf gut. Kein Wunder, absolvierte er doch jeden Tag seine Trainingseinheiten, köpfte die Spitze einsamer Krüppelzedern oder erlegte einen Wüstenhasen, den er sich zu Mittag briet. Steine schleudern, damit vertrieb er sich die Zeit. Was sollte er auch sonst tun in den Weiten der nahöstlichen Prärie? Fernab von den Menschen, allein mit sich und den blökenden Schafen.

Was konnte ein junger, begabter Mann da schon anderes machen? Natürlich wird er auch von schönen Frauen geträumt haben, von Reichtum vielleicht und auch vom Ruhm. Hatte ihn nicht der weise Samuel mit Öl gesalbt und ihm zum Ärger der älteren Brüder eine Königskarriere verheißen? Davon träumte er manchmal und tröstete sich damit über die Monotonie seines Alltags hinweg. Schafhirt war nun wirklich kein Job mit großen Aufstiegschancen. Oberschafhirt? Chefschafhirt? Lachhaft!

Nur gut, dass er auch seine Flöte dabeihatte. Und seine Zither. Ja, er liebte die Musik, sang nicht übel und verstand es, den Seiten der Zither die schönsten Melodien zu entlocken. Nur das Publikum fehlte. Die Schafe waren leider völlig unmusikalisch.

Umso aufgeregter war David daher, als plötzlich Boten zu ihm kamen, Gesandte des Königs.

Saul gehe es schlecht, er leide an einer schlimmen Depression. Mit Medikamenten sei da nichts zu machen, alle Kräutermischungen habe man schon ausprobiert, trüb drehten sich die königlichen Gedanken immer enger im Kreise. Dunkel wie Zedernholz sei sein Gemüt, verdüstert von der niederdrückenden Gewissheit, dass ihm nichts und niemand helfen könne. Kein Arzt, kein Therapeut, kein Antidepressivum. Nun sei David ihre letzte Rettung, er und seine Zither. Wie oft habe er doch in den Oasen schon die Lagernden verzaubert, nun solle er es auch bei Saul versuchen.

Singen? Vor Saul, dem König? Ein kleiner Schrecken rieselte David den schmalen Rücken hinunter. Und wenn es nicht wirkte? Wenn die Musik versagte? Was würde dann aus ihm? Was machte man mit demjenigen, dessen Kunst nicht anschlug? Doch rasch verdrängte der junge Schäfer diese Zweifel, nahm allen Mut zusammen und machte sich zur Reise bereit. Ja, er würde es versuchen. Und wenn ihm die Sache gelang, war sein Glück gemacht!

Die Aufheiterung von depressiven Patienten ist eine schwierige Kunst. Es braucht viel Einfühlungsvermögen dazu. Ein naiver Mensch glaubt vielleicht, heitere, leichte Lieder würden die Heilung hervorrufen. Doch weit gefehlt! Genau das Gegenteil ist der Fall! Hört ein depressiver Patient eine fröhliche Weise, so verstärkt sich sein Kummer bis zur Verzweiflung. Woran das liegt? Weil ein solcher Mensch eben die Fähigkeit zur Freude verloren hat, weil die Melancholie ihn umfängt. Weil er aber dennoch erkennt, dass es sich um eine fröhliche Musik handelt, bei der er sich eigentlich freuen müsste, zerreißt ihn diese schmerzliche Diskrepanz zwischen Kopf und Herz – und alles wird nur noch schlimmer. Genauso ergeht es ihm an schönen Sommertagen. Eigentlich müsste er sich freuen. Eigentlich. Er kann es aber nicht und der Schein der Sonne schwärzt den Schatten seiner Seele nur umso schonungsloser. Ein trüber, grauer Novembertag hingegen lindert seine Qualen. Weil man bei einem solchen Wetter traurig sein darf, weil es jedem so geht, weil man ihn dann verstehen kann und er sich selbst. Weil für eine kurze Zeit eine Erklärung möglich ist für das Unerklärliche, den Zustand seiner Seele. Zumindest bis zum nächsten Sonnentag.

Lange hat David auf seiner Reise zum Königspalast überlegt, welche Lieder er wählen soll. Dann warf er alle Pläne über Bord und beschloss, spontan zu improvisieren, sich ganz auf den König einzulassen. Der empfing ihn unwirsch und unfreundlich. Ja, unruhig war der König, was bei einer Depression keine Seltenheit ist. Vor allem Männer kehren ihren Kummer nach außen, werden wütend und unbeherrscht, laufen herum wie ein Tiger im Käfig. So auch Saul.

David zog seine Zither hervor und begann mit sehr leisen, traurigen Weisen, Klängen in Moll, weich und voll schmerzlichsüßer Trauer. Der König wurde stiller und die bebende Unruhe, die ihn quälte, legte sich langsam. Dass er überhaupt zuhören konnte, dass er sich in seine Kissen fallen ließ, dass ihm die Klänge aus Davids Instrument das innere Beben nahmen – das alles war schon ein erster Erfolg. Erstmals seit langer Zeit konnte der König wieder zuhören, konnte er das, was seine Ohren erreichte, annehmen. Vielleicht wurde sogar eine Spur von Neugierde in ihm geweckt. Auch wenn sich seine depressive Stimmung zunächst nicht verbesserte, schien es, als gäben die Klänge dieses Hirtenjungen seinem Kummer eine Sprache, als sprächen sie aus, was er selbst nicht aussprechen konnte.

Leise und unaufdringlich schlichen die melancholischen Melodien in Sauls Gemüt, drangen vor bis in sein Innerstes, berührten sein erkaltetes Herz und wärmten es unmerklich. Und dann passierte etwas, worauf die Diener erschrocken den jungen Musiker aus dem Zelt werfen wollten: Der König begann zu weinen. Heiß und bitter weinte es aus ihm heraus, schüttelte es ihn in seinen Kissen. Was war los, was war mit dem König geschehen? Nur weg mit diesem Hirtenjungen aus der Provinz, weg mit diesem David aus Bethlehem, der machte ja alles bloß noch schlimmer! Seht, wie unser König leidet! Kein Wunder, bei solchen Trauerklängen!

Sie wollten David schon packen, doch die erhobene Hand des Königs hielt sie auf. Verunsichert ließen die Männer von David ab, und der König verwies sie des Raumes. Dann gab er David ein Zeichen, er solle weiterspielen.

David ließ sich Zeit. Ohne einen konkreten Plan, ohne eine bestimmte Strategie zu verfolgen, gab er sich der Musik hin. Das Weinen und Schluchzen des Königs irritierte ihn nicht, er nahm es auf, gab mit den Saiten seiner Zither die Antwort dazu, kam so ins Zwiegespräch mit dem König und seinen Seelenregungen. Weiche Schwingungen, ein harmonisches Wechselspiel, gelegentlich unterstützt durch ein wortloses Summen, ein Streicheln mit der Stimme. Allmählich wurden die heftigen Zuckungen weniger, schien sich der König zu beruhigen.

Und auch David veränderte die Farbe seiner Klänge, wechselte vorsichtig von traurig zu tröstlich. Abendweisen stimmte er an, sang nun dazu, ruhige einfache, kindlich-naive Gute-Nacht-Melodien, monotone Wiederholungen, immer langsamer und leiser dabei werdend. Fast wäre er selbst darüber eingeschlafen, als von den Kissen ein leises Schnarchen ertönte: Saul schlief. Seit Monaten das erste Mal, dass er ohne betäubende Weihrauchdämpfe, ohne ein Zuviel an Feigenwein eingeschlafen war. Ein unendlich tiefer, traumloser Schlaf. Wie ein Kind schläft, ein satter Säugling. Bis zum nächsten Morgen. Zum ersten Mal seit langer Zeit erwachte der König mit dem Gefühl, ausgeschlafen zu haben. Ein herrliches Gefühl!

Von nun an spielte David dem König täglich vor. Zu Beginn musste er noch oft die traurigen Melodien des ersten Tages wäh-

99

len, aber das Weinen des Königs setzte schneller ein und auch die Heftigkeit seines Schluchzens nahm ab. Nach wenigen Tagen löste sich das schlimmste Eis in ihm, zersprangen die eisernen Ketten um sein Herz. Nun wurde Davids Musik lebendiger. Seine Zither sprach nicht mehr nur zum Gemüt, sondern erreichte auch Sauls Füße. Mit steigerndem Rhythmus begannen sie zu zucken und sich zu bewegen, bis es den König nicht länger in seinen Kissen hielt. Aufstehen musste er, sein gebeugter Körper begann sich zu strecken und Haltung anzunehmen. Und seine Füße fingen an zu tanzen.

„Der König tanzt!" – Wie ein Lauffeuer verbreitete sich die Botschaft, strömten die Menschen herbei, um sich mit eigenen Augen zu vergewissern. Die Fröhlichkeit war ansteckend. Man begann ein Fest zu feiern, spontan und ohne große Vorbereitung. Wie der junge Schafhirte in ihrer Mitte, griffen nun auch die anderen Musiker zu ihren Instrumenten und fielen in Davids Klänge ein.

Was für eine Freude! Der König war geheilt. Geschwächt und kraftlos wirkte sein Körper noch, aber seine Stimme hatte bereits wieder ihren vollen Klang gefunden und seine Augen ihren alten Glanz. Und was das sicherste Zeichen seiner Genesung war: Er machte wieder Pläne und sprach voller Vorfreude vom geplanten Feldzug gegen die Philister, den Erzfeind ihres Volkes, den dreisten Bundesladendieb.

„David fand Gnade vor den Augen des Königs", so heißt es etwas lapidar in der Heiligen Schrift. Doch so hoch die Musikkunst auch zu schätzen ist, Achtung gewinnt ein Mann nur durch die mutige Tat, zum Beispiel im Krieg. Und so brauchte es neben der Zither auch Davids zweites Instrument, die Schleuder. Kurz angelegt, den Überraschungseffekt ausgenutzt und den hypertrophen Goliath mit einem veritablen Schädel-Hirn-Trauma zu Boden gestreckt. Und dann schnell zum Schwert gegriffen und dem großmäuligen Riesen das Haupt abgeschlagen, sicher ist sicher. Das bedeutete Sieg – Sieg über die Philister!

Groß war der Jubel und groß der Ruhm des jungen Schafhirten. Nicht nur als Musiktherapeut, auch als Krieger ist er unvergleichlich! Man hebt ihn auf die Schultern und zieht jubelnd zum König.

Wie ungerecht können sie sein, unsere Regierenden! Saul war da keine Ausnahme. Zu groß war ihm David geworden, zu sehr liebten ihn die Leute, vor allem die Frauen. Wie sangen sie doch gleich nach der letzten seiner siegreichen Schlachten? „Tausend hat Saul erschlagen, Zehntausende aber David!" Voller Ingrimm hatte Saul diesen dummen Gesängen gelauscht. Konnte ihm David gefährlich werden? Wie eine Schlange kroch dieser böse Gedanke in sein Hirn und ließ ihn nicht mehr los. Ging seine eigene Regierungszeit zu Ende? Davon wollte Saul nichts wissen. Er klebte an seinem Thron wie jeder Despot, der nichts anderes kann, nichts anderes gelernt hat. Für ihn stand fest: David muss weg!

Geschickt versuchte Saul es auf die freundliche Weise. Er versprach dem musizierenden Helden zunächst seine ältere, dann seine jüngere Tochter. Allerdings nicht umsonst. Eine Gegenleistung forderte er dafür, eine echte Heldentat. Da ein gefährlicher Drachen nicht zur Verfügung stand, mussten es hundert Philister sein. Hundert ihrer Vorhäute sollte David dem König bringen. Zum Beweis. Natürlich würden die Unbeschnittenen ihre Vorhäute nicht freiwillig hergeben. Und so hoffte Saul, den jungen Helden in diesem chancenlosen Kampf loszuwerden.

David aber zog unverdrossen los. Als er zurückkam, schüttete er seinen Korb aus und zweihundert Philistervorhäute fielen zu Boden. Da bekam David Michal zur Frau. Saul aber fürchtete David noch mehr, war es doch zu offensichtlich, dass der Segen des Herrn auf dem Jungen ruhte. Als ihm David wenig später wieder einmal auf der Zither vorspielte, schleuderte Saul zornig seinen Speer auf den Musikanten. Wie man sieht: Auch Therapeuten leben gefährlich! Nur eine Reflexbewegung rettete David.

Nun wurde ihm der Boden hier im Palast endgültig zu heiß. Auch Jonathan, Sauls Sohn, der ihn liebte, konnte den Vater nicht beruhigen und verhalf David schließlich zur Flucht.

David hatte noch einen weiten Weg vor sich, bis er zum König gekrönt wurde. Viele Abenteuer musste er bestehen. Er schlug sich als Bandenführer durch, paktierte auch mit den Philistern (die ihm die posthume Verstümmelung ihrer Stammesbrüder offensichtlich schnell verziehen hatten), aber dennoch zeigte er sich Saul gegenüber, der ihn mit blinder Wut weiter verfolgte, als loyaler Diener. Einmal ließ sich der König in einer Höhle nieder, ohne seinen Schwiegersohn zu bemerken, der sich bereits in der Tiefe der Höhle aufhielt. David nutzte nicht etwa die Gunst der Stunde, um seinem Widersacher den Hals abzuschneiden, sondern trennte nur einen Zipfel seines Gewandes ab. Auch ein zweites Mal verschonte David das Leben des Königs, indem er nur Sauls Spieß und den Wasserkrug an sich nahm. Durch seine Großmut eroberte David die Herzen des Volkes. Als Saul schließlich zusammen mit seinem Sohn Jonathan im Kampf gegen die Philister im Gaza-Streifen fiel, wurde David in Hebron zum König der Israeliten gekrönt.

Ein Künstler auf dem Thron. Ein Dichter als Herrscher, ein Musikant. Eine seltene Konstellation – wenngleich wir sie auch in der Neuzeit hin und wieder antreffen. Denken wir an Bill Clinton und sein Saxofon, an Helmut Schmidt, der als Hamburger Bürgersohn recht passabel Klavier spielte, oder auch an Vaclav Havel, den dichtenden tschechischen Präsidenten. König Davids größte künstlerische Leistung waren zweifelsohne seine

Lieder. Er gilt als kreativster Verfasser der Psalmen, manchen so-gar als Mitbegründer jener alten frommen Dichtkunst.

Einhundertfünfzig Psalmen sind uns überliefert, eine Litera-turform, die einzigartig geblieben ist. Lyrische Gebete, Bittge-bete, Danksagungen, Lobgesänge und Hymnen. Ihr Adressat ist immer Jahwe, der Gott der Israeliten. In den Psalmen manifes-tiert sich die Beziehung des Volkes Israels zu ihm, wird der Bund erneuert und gewinnt hierdurch an Klarheit und Profil. Viele Psalmen scheinen aus konkreten Lebenssituationen heraus ge-dichtet. So wird etwa vermerkt: „Ein Psalm Davids, als er vor sei-nem Sohn Abschalom floh." Oder: „Von David, der dieses Lied sang an dem Tag, als der Herr ihn aus der Gewalt all seiner Fein-de und aus der Hand Sauls errettet hat." Das Sein bestimmt das Bewusstsein, unsere Tätigkeit, auch unser Denken. David war Schafhirt und Kriegsherr, daher verwundert es nicht, wenn die meisten seiner Psalmen sich um diese Berufsfelder drehen. Den-noch haben die Psalmen etwas Überzeitliches, greifen sie doch die Nöte, Ängste, Wünsche und Hoffnungen auf, die uns Men-schen zu aller Zeit beschäftigen. Nehmen wir nur den Psalm 23, viele halten ihn für den schönsten aller Psalmen:

Der Herr ist mein Hirte, mir wird nichts mangeln.
Er weidet mich auf einer grünen Aue
und führet mich zum frischen Wasser.
Er erquickt meine Seele.
Er führet mich auf rechter Straße um seines Namens willen.
Und ob ich schon wanderte im finstern Tal,
fürchte ich kein Unglück, denn du bist bei mir,
dein Stecken und Stab trösten mich …

Das Lied eines vorderorientalischen Schäfers – vor mehr als drei-tausend Jahren entstanden und doch von zeitloser Aussagekraft. Auch aus diesem Grunde wurden die Psalmen immer hoch geschätzt. Es gibt kaum einen Kirchenlieddichter, der sie nicht für sein Werk verwendet hätte. Wie oft wurde allein Psalm 23 vertont!

„Mein Hirt ist Gott der Herr, er will mich immer weiden" von Kasper Ulenberg (1582), dem wir ein ganzes Psalmenliederbuch verdanken, findet sich in vielen Anhängen des Gotteslobs, Vertonungen anderer Interpreten im Hauptteil (GL 527,4; GL 535,6; GL 718,1). „Der Herr ist mein getreuer Hirt" (EG 274) wurde von Luthers Freund Johann Walter vertont, „Der Herr, mein Hirte, führet mich" ist eine Übersetzung des schottischen Psalters „The Lord's my Shepherd" (EG 594). Besonders schön klingt auch der Kanon „Der Herr ist mein Hirte" (EG 595) von Hermann Stern, 1960 komponiert. Neben dem 23. Psalm wurden auch viele andere König David zugeschriebene Psalmen nachgedichtet und vertont und bereichern bis heute unsere Gesangbücher.

Die überwältigende Sympathie für David scheint aber nicht allein seiner Kunst und seinen militärischen Erfolgen geschuldet. Gewiss dichtete er die schönsten Psalmen, unbestritten sind seine zahlreichen spektakulären Erfolge. Mit seinem Schwert einte er das Land Israel und erweiterte es zu nie gekannter Größe, die Stadt Jerusalem nahm er ein und bestimmte sie zum Sitz der Bundeslade. Ohne diese Großtaten wäre er sicher weit weniger berühmt. Richtig populär ist er aber wohl erst durch seine Schwächen geworden, die in der Bibel nicht vertuscht werden.

Trotz seiner vielen Gaben und Talente blieb er ein Mensch, der immer wieder Schuld auf sich lud. Sich die Frau seines Nachbarn zu schnappen und diesen dann auch noch in die erste Kampflinie zu stellen, wo ihm die Philister den Garaus machten – das würde auch heute die fettesten Schlagzeilen der Boulevardpresse garantieren. Eine äußerst fragwürdige Tat, auch wenn sie letztlich durch die Liebe motiviert war. Was musste sich seine schöne Nachbarin auch nackt auf der Dachterrasse zeigen!?

Solche Geschichten liebt das Volk zu allen Zeiten – und man erzählt sie von Generation zu Generation weiter.

Denken wir heute an David, so fällt uns vielleicht die mächtige Marmorplastik in Florenz ein, Michelangelos Kunstwerk, die überdimensionale Statue des jungen Kriegers, der mit aufreizender Lässigkeit seine Schleuder bereit macht, um den imaginär anwesenden Goliath niederzustrecken. Hier scheint es, als ob der Krieger dem Sänger die Show stiehlt, als sei die Kriegskunst der Sangeskunst überlegen. Nehmen wir aber seine Psalmen zur Hand, so werden wir rasch eines Besseren belehrt.

Martin Rinckart und der Choral von Leuthen

DER KÖNIG DEUTETE entschlossen auf die Karte. Schlesien musste zurückerobert werden, noch bevor das Jahr 1757 zu Ende ging. Die Österreicher sollten nicht in Breslau überwintern. Nach mehreren Niederlagen hatten sie ihn aus Schlesien vertrieben. Nun aber, nach dem grandiosen Sieg über die Reichsarmee und die Franzosen bei Roßbach, hatte er den Rücken frei … und die richtige Wut im Bauch, es den Österreichern zu zeigen. Friedrich II. von Preußen schaute in die Runde. Seine Generäle nickten. Sie hatten verstanden.

Leuthen, Niederschlesien. Ein kleines Kaff auf dem Weg nach Breslau. Mitten in einem offenen, flachen Gelände gelegen, eine Hügelkette im Westen. Hier stießen sie auf die Österreicher. Eine gewaltige Armee, weit über sechzigtausend Mann, neun Kilometer lang die Stellung. Sie selbst, die Preußen, waren gerade nur halb so viele. Da half nur eine gute Taktik. Mit Scheinangriffen lockten sie die Österreicher in die Falle, zogen mit der Hauptmacht im Schatten der Hügel unbemerkt nach Süden und fielen dem Feind in den Rücken.

Es war ein blutiges Gemetzel. Die schweren, zwölfpfündigen Kanonen rissen breite Schneisen in die Kampflinien. Mit größter Härte wurde der Kampf geführt, Mann gegen Mann. Hin und her wogte das Kampfgeschehen, mit hohen Verlusten auf beiden Seiten, bis die Österreicher schließlich die Flucht ergriffen. Erschöpft fielen die preußischen Soldaten auf der blutgetränkten Erde nieder, Sanitäter verbanden die unzähligen Wunden, Seelsorger versorgten die Sterbenden. Die Dämmerung hatte bereits eingesetzt, als plötzlich der Choral ertönte. Wer ihn angestimmt und wie er sich verbreitet hatte, war später nicht mehr zu sagen. Soldat um Soldat fiel in das Lied ein, ein gewaltiger, spontaner

Chor, ein Dankeslied. Fünfundzwanzigtausend Männer falteten ihre Hände und richteten ihre Blicke zum Himmel:

Nun danket alle Gott mit Herzen, Mund und Händen,
der große Dinge tut an uns und allen Enden,
der uns von Mutterleib und Kindesbeinen an
unzählig viel zu gut bis hierher hat getan.

Der ewigreiche Gott woll uns bei unserm Leben
ein immer fröhlich Herz und edlen Frieden geben
und uns in seiner Gnad erhalten fort und fort
und uns aus aller Not erlösen hier und dort.

Lob, Ehr und Preis sei Gott, dem Vater und dem Sohne
und Gott, dem Heilgen Geist im höchsten Himmelsthrone,
ihm, dem dreiein'gen Gott, wie es im Anfang war
und ist und bleiben wird, so jetzt und immerdar.

Als „Choral von Leuthen" ging das Kirchenlied in die Geschichte ein. Sein Autor ist der Eilenburger Geistliche Martin Rinckart (1586–1649). Zu welchem Anlass er das Lied verfasste, bleibt umstritten. Manche behaupten, es sei 1630 entstanden, zum hundertjährigen Jubiläum der „Augsburger Konfession". Andere meinen, Rinckart habe es seinen Amtsvorgängern gewidmet, die er in Öl hatte malen lassen und die noch heute im Chor der Eilenburger Nikolaikirche zu bewundern sind. 1648 erschien es erstmals in Johann Crügers Gesangbuch „Praxis Pietatis melica".

Der Text des Chorals ist ein schönes Beispiel für eine gelungene Adaptation einer Bibelstelle. Rinckart bezieht sich auf den Weisheitslehrer Jesus Sirach 50,24-26, der sich vor allem an die Jugend wendet:

„Nun danket alle Gott, der große Dinge tut an allen Enden, der uns vom Mutterleib an lebendig erhält und tut uns alles

Gute. Er gebe uns ein fröhlich Herz und verleihe uns Frieden zu unserer Zeit in Israel, und dass seine Gnade stets bei uns bleibt; und erlöse uns, solange wir leben."

Die teils wörtliche Übernahme des Ursprungstextes schmälert Rinckarts Dichtkunst in keiner Weise. Auch die technische Leistung, aus einem Prosatext singbare Verse zu schmieden, ohne dabei die biblischen Aussagen zu verkürzen, ist grandios.

Martin Rinckart war ein überaus produktiver Dichter und geistlicher Schriftsteller. Zu fleißig sei er gewesen, stöhnen manche, das meiste sei zu Recht in Vergessenheit geraten. Dieses Lied aber hat ihn unsterblich gemacht. Auch durch die knappe, vorwärtsdrängende Melodie, die ebenfalls von Rinckart stammt. Jedenfalls deutet vieles darauf hin, dass er selbst und nicht Johann Crüger der Komponist gewesen ist.

Dem Lied wohnt ein besonderer Zauber inne. Es erhebt die Seele des Sängers in einzigartiger Weise, leiht dem dankbaren Herzen jubelnd seine Stimme. Wenn das Gemüt überquillt, wenn Schrecken und Angst überwunden sind, wenn etwas Großes, etwas Einzigartiges geschaffen wurde, immer dann ist dieses Lied gesungen worden. Es ist Musik gewordener Dank, ein tönender Jubelruf. In den Gottesdiensten erklingt es oft als festlicher Schlussakkord, bei vielen Hochzeitsfeiern wünschen es sich die Brautleute.

Als Choral von Leuthen ist es bekannt geworden. Ebenso gut könnte es Choral von Waterloo heißen oder Choral von Tannenberg, denn auch am Abend dieser gewaltigen Schlachten wurde das Lied angestimmt. Aber auch zu friedlichen Anlässen: bei der Proklamation von Kaiser Wilhelm I. in Versailles 1871, bei der Vollendung des Kölner Doms 1880, bei der Einweihung des Nationaldenkmals auf dem Niederwald hoch über dem Rhein 1883, bei der Grundsteinlegung zum Bau des Reichstagsgebäudes im Jahre 1884. Immer sang man „Nun danket alle Gott". Und zahlreicher noch und nicht minder erhebend stimmte man es bei all den kleineren Anlässen an, den Schulfeiern und Richtfesten der Bürger im Lande. Auch in den katholischen Gottesdiensten, denn dieses ursprünglich evangelische Kirchenlied wurde schnell von den Katholiken übernommen (EG 321, GL 266).

Heute ist es unüblich geworden, Kirchenlieder außerhalb der Kirchen, bei weltlichen Anlässen zu singen. In vielleicht ergreifendster Weise erklang der Choral noch einmal im Jahre 1955. Zehn Jahre nach dem Ende des Zweiten Weltkriegs waren immer noch unzählige Soldaten vermisst, die meisten in russischer Kriegsgefangenschaft.

Und nun fährt am Bahnsteig vom Lager Friedland dampfend ein Zug ein. Aus Osten kommt er, eine lange Fahrt liegt hinter ihm. In den Waggons ausgezehrte Männer, hohlwangig mit tief liegenden Augen. In vielen glänzt es verräterisch, wenn sie aus den Fenstern schauen. Das Heimatland, wie lange haben sie es nicht mehr gesehen! Manch einer hatte schon nicht mehr damit gerechnet. Nicht nach all den unmenschlichen Erfahrungen in Sibirien und den anderen Lagern. Zurückkehren! Nach Hause!

Auch von den Menschen, die winkend auf dem Bahnsteig stehen, hatten viele die Hoffnung schon aufgegeben. Zu viele waren in der Gefangenschaft umgekommen, hatten die Härte, den Hunger und die Entbehrungen in den Baracken und Steinbrüchen nicht überlebt, schienen von der Politik schon vergessen. Dann war Konrad Adenauer nach Moskau gereist und hatte mit den Russen verhandelt. Und nun dieser Moment, das Wiedersehen. Nach mehr als zehn Jahren! Eltern, Geschwister und Ehefrauen. Kinder, die den Vater noch nie gesehen hatten.

Als der Zug hält und sich alle in den Armen liegen, erklingt es plötzlich wieder, das Lied, der Choral. Mit größerer Inbrunst und brüchigeren Stimmen, mit heißerem Herzen und unter so viel Tränen ist es wohl später nie wieder gesungen worden:

Nun danket alle Gott mit Herzen, Mund und Händen,
der große Dinge tut an uns und allen Enden,
der uns von Mutterleib und Kindesbeinen an
unzählig viel zu gut bis hierher hat getan.

Hat Jesus gesungen?

EINE FRAGE, DIE MICH schon lange beschäftigt. Wie hielt es Jesus mit der Musik? Hat er jemals selbst gesungen? Für sich alleine, zu seinem Vater, mit seinen Freunden, an religiösen, an weltlichen Festtagen? Seltsam, ich kann ihn mir nicht singend vorstellen. Auf all den unzähligen Abbildungen, all den Altarbildern, Fresken, Kirchenmalereien, nirgends ist mir ein Bild aufgefallen, auf dem Jesus singend dargestellt wäre. Warum ist das so? Warum tun wir uns so schwer, Jesus als Sänger zu denken? Würde es unserem Bild von ihm widersprechen?

Wir wissen, dass Jesus unendlich mitleidig war, dass er intensiv gebetet hat, die Schrift gut kannte, dass er auch zornig werden konnte, dass er zweifelte, tadelte, heilte, lobte, liebte. Aber davon, dass er auch gesungen hat, davon erfahren wir nichts. Nicht in den Evangelien, nicht in der Apostelgeschichte, nicht in den Briefen. Ich muss mir kompetenten Rat einholen, Sachverstand. Und so bitte ich einen Freund, einen jungen Theologen von der Universität Eichstätt, mir weiterzuhelfen.

Wir treffen uns. Ich freue mich stets über diese Zusammenkünfte, so viel Anregendes hat mein Freund jedes Mal zu erzählen. Diesmal bin ich besonders gespannt. Was wird er mir berichten? Ob er etwas herausgefunden hat? Er spannt mich etwas auf die Folter, das Funkeln seiner Augen aber verrät ihn. Er scheint tatsächlich fündig geworden zu sein.

Zunächst aber gibt er mir recht. Keine direkten Hinweise fänden sich in der Heiligen Schrift. Und doch spräche manches dafür, dass Jesus gesungen habe. Schon bei der Hochzeit von Kana, bei der er sein erstes öffentliches Wunder vollbracht hatte, indem er der Familie aus der Bredouille geholfen und Wasser in Wein verwandelt hatte. (Sein letztes Wunder würde es sein,

sein Blut in Wein zu verwandeln.) Auf den Hochzeitsfeiern sei natürlich gesungen worden, gesungen und getanzt, sagt mein Freund. Ja, auch als Tänzer hätten wir uns Jesus vorzustellen. Nicht als Paartänzer, wie wir ihn von unseren Bällen kennen, sondern als Teilnehmer an einem der ritualisierten Volkstänze, einem Männertanz vermutlich, sich Arm in Arm mit den Freunden zum Klang der Musik im Kreise drehend, dabei schneller und schneller werdend. Tanz und Gesang, das gehöre untrennbar zusammen. In der Bibel seien diese Dinge nur deshalb nicht erwähnt, weil die selbstverständlichen, die alltäglichen Begebenheiten dort prinzipiell keine Erwähnung finden würden. Weil es den Evangelisten darum gegangen sei, die spezielle Glaubensbotschaft Jesu mitzuteilen und kein exaktes biografisches Lebensbild zu zeichnen. So würde uns ebenso wenig mitgeteilt, ob Jesus jemals gelacht habe. Wer jedoch den Geist der Frohen Botschaft kenne, für den sei es selbstverständlich, sich Jesus auch fröhlich zu denken. Ob Jesus allerdings heute noch etwas zu lachen habe, wenn er sieht, welches Unrecht in seinem Namen vollbracht würde und wer sich alles auf ihn berufe, das sei eine andere Frage.

Ich kenne Bemerkungen dieser Art von meinem Freund. Erstaunlich, wie offen er als überzeugter Christ, als jemand, der aufgrund seines profunden Wissens vor einer großen kirchlichen Karriere steht, mit seiner Kritik nicht zurückhält. Ich gebe ihm deshalb trotz seiner Talente keine großen Chancen. Mein Freund zwinkert mir zu und ich gieße ihm Tee nach. Weiter! Welche Indizien, welche Hinweise gibt es noch? Hat Jesus gesungen?

Mein Freund antwortet nicht gleich, sondern nimmt die Tasse in die Hand und vertieft sich in den Anblick der wabernden dünnen Nebelschwaden. Meine Ungeduld scheint ihn nicht zu beeindrucken.

„Warum ist diese Frage so wesentlich?", fragt er mich unvermittelt.

Ich muss ihn ziemlich verblüfft angesehen haben. Er kennt doch meine Manuskriptpläne. Da ist es doch eine Selbstverständlichkeit, zu fragen, wie es unser Herrgott selbst mit der Musik gehalten hat, mit dem Gesang im Speziellen. Da braucht es doch keine eigene Begründung. Mein Freund aber lächelt weiter still in sich hinein. Er lässt mir Zeit, scheint jedoch auf die Antwort nicht verzichten zu wollen.

Vielleicht hat er recht. Vielleicht ist es nötig, dass ich mich hinterfrage. Dass ich mir über meine Gründe klar werde. Dass ich nicht aus reiner Neugier, aus niederen Motiven heraus frage. Ich spüre eine leise Nervosität in mir aufsteigen. Ja, warum eigentlich ist die Frage für mich wichtig? Weil Jesus in einem solchen Buch halt nicht fehlen darf? Schwach, sehr schwach! Mit solch einem Argument darf ich nicht kommen und ich spüre auch, dass es einen anderen, einen tieferen Grund geben muss. Natürlich könnte man sich völlig darauf beschränken, Jesus als Textdichter zu würdigen. Finden sich nicht viele seiner Worte in unseren Kirchenliedern wieder? Allein das „Vaterunser", wie oft wurde es vertont, wie oft wird es gesungen! Damit alleine ließe sich ein ganzes Kapitel füllen. Warum muss Jesus selbst gesungen haben?

Wo steckt er, der tiefere Grund, nach dem ich suche? Ich kann ihn nicht in Worte fassen, zu nebulös ist er mir selbst. Ich nehme einen Schluck von dem Tee, versuche Zeit zu gewinnen. Vielleicht ist es ja deshalb, weil Jesus zwar Mensch geworden, aber dennoch seine göttliche Natur beibehalten hat. Und sich dadurch die Frage stellt: Singt ein Gott? Schauen wir uns in der Religionsgeschichte um. Hat Zeus gesungen? Oder Wotan gar? Sang der große Manitu oder Buddha oder der Gott Mohammeds? Kaum vorstellbar! Warum aber ist das so, warum singen Götter nicht? Die Antwort ist vielleicht ganz einfach: Weil die Musik, weil der Gesang der sehnsüchtige Versuch von uns Sterblichen ist, am Himmlischen zu partizipieren. Das Himmlische aber kann nicht singen, weil es selbst Gesang ist, ewige, harmonische Musik, die Auflösung aller Dissonanzen. Wenn wir uns Gott als ein großes, himmlisches Lied denken, ist die Vorstellung eines singenden Gottes eine Tautologie. Das wäre, als wenn man sich einen Baum als Gärtner denkt, ein Gemälde als Maler.

Ich stelle meine Tasse ab und berichte meinem Freund von diesen Gedanken. Er nickt und lächelt verschmitzt. Eine hübsche, recht poetische Vorstellung, sagt er. Und vielleicht hätte ich in gewissem Sinn auch nicht unrecht. Ich solle aber die menschliche Natur von Christus nicht unterschlagen, denn durch seine Menschwerdung sei er uns gleich geworden, in allem uns gleich außer der Sünde. Und da man Musik und Gesang nicht zur Sünde zählen dürfe, müssten wir davon ausgehen, dass Jesus in seinem Erdenleben auch gesungen habe.

Wissenschaftlich betrachtet, sich eng an den Quellen orientierend, gebe es durchaus konkrete Hinweise dafür. Nicht nur die Teilnahme an der Hochzeit zu Kana. So lohne es auch, sich das Evangelium vom letzten Abendmahl genauer anzuschauen. Da heißt es bei Matthäus (26,30): „Nach dem Lobgesang gingen sie zum Ölberg hinaus."

Ich stutze. Mein Freund hat recht! So muss es gewesen sein! Beim letzten Abendmahl hat Jesus mit seinen Jüngern gesungen. Eindeutig, hier steht's geschrieben. Ich nehme die Bibel zur Hand. Hier steht's! Ich blättere weiter. Und bei Markus auch (14,26)! Wie hatte ich das nur überlesen können?

Plötzlich bin ich wieder hellwach. Zu gerne wüsste ich Näheres: Was mögen sie gesungen haben? Wie hat es geklungen? Haben sie es mehrstimmig versucht?

Es scheint, als ob mein Freund meine Gedanken erraten habe. Vermutlich seien es Psalmen gewesen, sagt er. Die Psalmen seien in den jüdischen Gemeinden als Liedtexte von Generation zu Generation weitergetragen worden, sodass sie den Charakter echter Volkslieder besaßen. Die Vielfalt ihrer Aussagen hätten sie dazu prädestiniert, zu jeder Feier – und ein gemeinsames Festmahl wie das letzte Abendmahl anlässlich des Passahfestes sei ein großes Fest gewesen – gesungen zu werden. Jesus müssen die Psalmen bestens vertraut gewesen sein. Das würde man an vielen seiner Worte spüren. Und damit käme er zu den letzten Indizien – und die seien von allen die ergreifendsten.

Hier macht mein Freund eine kurze Pause, lehnt sich vor und sagt dann leise, mehr zu seiner Teetasse als zu mir gesprochen: „Jesus muss am Kreuz noch gesungen haben!"

Ich gebe zu, ich bin erschüttert. Mit allem hätte ich gerechnet, jedoch nicht damit! Am Kreuz, am Ort seiner schlimmsten Erniedrigung, unter all den unvorstellbaren Qualen soll Jesus gesungen haben? Welcher Mensch sollte dazu in der Lage sein?

„Ich weiß, es klingt verrückt, aber dennoch muss es so gewesen sein", sagt mein Freund mit eindringlicher Stimme. „Wenn wir uns die Worte ins Gedächtnis rufen, die Jesus am Kreuz gesprochen hat, so sind eindeutig Psalmenlieder darunter, zweifellos! Warum aber soll Christus die Liedtexte nur gesprochen oder gerufen haben? Das gibt keinen Sinn! Wer sich in einem Zustand heftigster Emotionen befindet, sei es Freude, sei es Trauer und Schmerz, wer in einer solch extremen Situation ein Lied in den Mund nimmt, der wird es natürlich singen!"

Ich blicke immer noch völlig überrumpelt drein.

„Schau her", sagt mein Freund, „wenn du ein Lied gut kennst, verschmelzen dir Text und Melodie dann nicht zu einer unauflöslichen Einheit? Nimm ein einfaches Abendlied aus deiner Kindheit, „Weißt du, wie viel Sternlein stehen" zum Beispiel. Kannst du dir vorstellen, der Text einfach so zu sprechen? Ohne Melodie? – Siehst du, so wird es Jesus in seiner Todesstunde auch mit den Psalmen gegangen sein!"

Der Gekreuzigte, der singend in den Tod geht. Eine fremde, vollkommen ungewohnte Vorstellung. Und doch, nachdem ich sie an mich heranlasse, mich langsam daran gewöhne, formen sich großartige Bilder in meiner Fantasie, erschütternd und wunderbar zugleich. Und ich sehe ihn schließlich vor mir, unseren Herrn, den Gekreuzigten, wie er mit aufgesprungenen Lippen und gequälter Stimme seine Klagelieder zum Himmel steigen lässt: „Eli, Eli, lama asabtani? Mein Gott, mein Gott, warum hast du mich verlassen?" Und die Vision, je klarer sie Gestalt annimmt, je weniger fremd sie mir wird, bekommt plötzlich etwas ungemein Tröstliches. Ja, so ist es gewesen, so muss es gewesen sein! Jesus muss singend in den Tod gegangen sein!

Joachim Neander und der Neandertaler

ER WUSSTE NICHT, dass er ihm so nah war. Hautnah. Er konnte
es nicht ahnen, denn eigentlich war er mit ganz anderen Dingen beschäftigt. Er suchte nicht nach prähistorischen Funden,
nicht nach alten Knochen. Nein, es war der Zauber dieses Ortes,
der ihn im Sommer 1674 hie-her geführt hatte – von Düsseldorf
immer die Düssel flussaufwärts, an Mettmann vorbei hinein in
diese wildromantische Schlucht.

Ob jener *Andere*, den es auch hierher verschlagen hatte, ob
er den Zauber dieses Ortes ebenfalls verspürt hatte? Ob er überhaupt einen Schönheitssinn besessen hat? Oder mögen es nur
praktische Gründe gewesen sein, sich hier aufzuhalten, lebens-
notwendige, überlebensnotwendige? Wer will es sagen, wer entscheiden? Dreißigtausend, vierzigtausend, hunderttausend Jahre
später?

Joachim Neander, der junge Rektor der Düsseldorfer Latein-
schule und Hilfsprediger der reformierten Gemeinde, kam zum
Dichten hierher. Und um Gottesdienste abzuhalten. Jawohl,
hier draußen, mitten in der Natur, im Eingang einer versteckten Höhle, predigte er Gottes Wort. Das war für ihn kein Widerspruch. Es mussten nicht immer die geordneten Räumlichkeiten
eines Kirchenbaus sein. Im Gegenteil. Mancher Gedanke, manche kühne Idee konnte erst hier entstehen. Und auch so manches Lied.

Umgeben von steilen Felsen, von dem Rauschen der Düssel,
die sich in zwei Kaskaden in die Tiefe stürzte, umgeben auch
vom Gesang der Vögel, spürte er eine andere Nähe zu Gott und
seinen Geschöpfen, stieg das Lob wie selbstverständlich aus seiner Brust und singend schrieb er es nieder: „Lobe den Herren,
den mächtigen König der Ehren!"

Der *Andere* hatte nie Schreiben gelernt. Nicht, weil er dümmer war; sein Gehirnvolumen überstieg sogar das des heutigen Menschen. Die Schrift war in diesen Teilen der Welt noch nicht erfunden, das war der Grund. Und feste Häuser gab es auch noch keine. So war man über jede beziehbare Höhle froh. Der *Andere* hatte eine besonders passende gefunden. Mit frischem Wasser ganz in der Nähe. Ein Glücksfall im Mittelpaläolithikum, der mittleren Steinzeit.

Steinzeitmensch! Wie primitiv das klingt – und nicht sehr freundlich. Der große Virchow mochte nicht einmal an solch eine Möglichkeit glauben, als er heimlich den Schädel begutachtete, den italienische Steinbrucharbeiter im Jahr 1856 entdeckt hatten. Das musste eine Fehlbildung, eine Wachstumsstörung sein. Niemals eine eigene Art. Zu wulstig, zu unförmig erschien ihm der Knochenfund.

Auch Pathologen können sich irren. Der *Andere* war völlig gesund. Als deformiert wäre ihm Virchow vorgekommen, hätte er ihn jemals kennengelernt. Alles eine Sache der Norm. Kerngesund war jener *Andere*, muskulöser als der heutige Mensch, kräftiger, gedrungener. Seine festen Sehnenansätze verraten den durchtrainierten Sportler. Ja, sportlich muss er gewesen sein, was aber wissen wir sonst noch von ihm? War er ein Künstler, besaß er höhere Interessen? Oder war er nur damit beschäftigt, Mammuts und Waldelefanten zu erlegen und ums tägliche Überleben zu kämpfen? Höhlenzeichnungen wie in Spanien oder Südfrankreich fanden sich in der Schlucht an der Düssel keine. Was aber beweist das? Vielleicht hatte er ja andere künstlerische Interessen, vielleicht sang er sogar?

Dem Gesang, dem gesungenen Lob Gottes, galt Joachim Neanders besondere Liebe. Schon in Bremen, seiner Heimatstadt, wo er als Sohn eines reformierten Pfarrers Theologie studiert hatte. Wo ihm der Pietismus ans Herz gewachsen war. Anfangs hatte er genau wie seine Freunde höhnisch über die „Spinner" gelächelt. Und zu Pfarrer Undereyk von St. Martin ist er nur gegangen, um sich hernach über ihn lustig machen zu können. Wie anders ist dann alles gekommen! Die eindringlichen Worte des charismatischen Geistlichen nahmen ihn so gefangen, dass er ihn bald wie einen Vater verehrte. Diese unmittelbare, das Gefühl ansprechende Frömmigkeit wärmte ihm das Herz. Wie gedankenkalt kamen ihm die Gottesdienste in seines Vaters Kirche dagegen vor!

Auch später in Frankfurt, als Kandidat des Predigtamts, hatte er am liebsten die Collegia pietatis besucht, die privaten Erbauungsstunden der Pietisten. Erweckung und Bekehrung, das waren nach den Verwüstungen des Dreißigjährigen Krieges für viele junge Menschen magische Begriffe. Und als Neander an den Rhein kam, zu seiner ersten schlecht bezahlten Stelle, da rief er selbst solche Zirkel ins Leben – sehr zum Verdruss des Düsseldorfer Presbyteriums. Um ungestört zu sein, lud er deshalb die Anhänger dieser Bewegung in die steile Schlucht an der Düssel ein und feierte inmitten der Felsklüfte seine „Christenergötzungen", wie er seine Gottesdienste nannte. Auch mit neuen, eigenen Liedern:

Lobe den Herren, der alles so herrlich regieret,
der dich auf Adelers Fittichen sicher geführet!

Lange wurde bestritten, ob der *Andere* überhaupt sprechen konnte. Doch dann stieß man Mitte der Neunzigerjahre bei Ausgrabungen im israelischen Karmelgebirge auf einen außerordentlichen Fund: Das bislang einzige erhaltene Exemplar eines Zungenbeins des *Anderen!* Das Zungenbein aber ist eine entscheidende anatomische Voraussetzung für die menschliche Stimme. Ein erstes Indiz. Ein zweites folgte vor Kurzem: Aus den Knochen des *Anderen,* gefunden in einer spanischen Höhle, schaffte man es, Genmaterial zu gewinnen. Die DNA bewies: Der *Andere* besaß das gleiche FOXP2-Gen, wie der moderne Mensch, wie wir! Dieses Gen gilt als entscheidend für die Sprachfähigkeit. Wir müssen also davon ausgehen, dass der *Andere* sprechen konnte. Und wer sprechen kann, der kann auch singen! (Auch wenn uns manch einer vom Gegenteil überzeugen möchte.)

Das Echo hatte es Neander besonders angetan. Hier in der engen Felsschlucht bekam jedes gesprochene Wort seinen Reflex, es klang unmittelbar von den Wänden zurück. Eine einzigartige Akustik, wie in einem hohen Dom! Der junge Schulleiter experimentierte mit diesem Phänomen. Er dichtete zum Beispiel ein Duett, einen Zwiegesang, bei dem sein Partner, das Echo, die Rolle Jesu übernahm. Eine gesungene Zwiesprache also zwischen Neander und seinem Erlöser, raffiniert durchkomponiert.

„Wo bist du, Seelenfreund? Willst du denn mich verlassen?"
„… ich verlassen?"
„Es tritt die Not, o Herr, auf allen Seiten ein!"
„… nein!"
„Wo bleibt dein teures Wort? Dein Wort: Ich kann nicht
    hassen?"
„… kann nicht hassen!"
„Du gehst von mir weg. Bin ich hier nicht allein?"
„… nicht allein!"
„Ich leb in Einsamkeit. Bist du nicht mehr der meine?"
„… meine!"
„Ich lieg im Streit und Kampf. Mein Feind ist Ungeduld."
„… Geduld!"
„Glanz der Gerechtigkeit, mir gnädiglich erscheine!"
„… ich erscheine!"
„Zu meiner Seel so viel nur sprich: Du bist in Huld!"
„…bist in Huld!"

Ob der *andere* ebenfalls mit dem Echo gespielt hat? Wahrgenommen hat er es sicherlich. Wenn er seine Steine zusammenschlug, um Funken zu erzeugen, wenn er prüfend den frisch geschnitzten Speer gegen einen Baum schleuderte, wenn er die Schlüsselbeine des zum Frühstück erlegten Mammuts spielerisch aufeinanderschlug. Ob er aber auch seine Stimme an ihm probierte? Ob er ihm gar ein Lied entgegensang? Ob er dem Klang der eigenen Worte nachlauschte, wie sie von Felswand zu Felswand sprangen, sich wie ein Kind staunend daran erfreuend?

Das Echomotiv nimmt Joachim Neander noch in anderen Liedern auf. Auch für sein meistgesungenes Lied „Lobe den Herren" hat er ein nachklingendes, in späteren Gesangbüchern leider verloren gegangenes Schlussecho eingebaut, Indiz dafür, dass auch dieses Kirchenlied in seiner versteckten Schlucht entstanden ist:

Lobe den Herren, der künstlich und fein dich bereitet,
der dir Gesundheit verliehen, dich freundlich geleitet.

Anrühren mag uns die Vorstellung, dass auch der *Andere* Zehntausende Jahre zuvor hier auf den Felsen gestanden und auf seine Weise das Lob der Schöpfung gesungen haben wird. Einige Fundstücke deuten darauf hin, dass unsere Vorfahren durchaus musikalisch waren. In der Nähe von Blaubeuren, hoch über dem Achtal, liegt versteckt eine Höhle im Bruckfelsmassiv, das Geißenklösterle. Dort fand man in den 1970er-Jahren bei Grabungen aufregende Dinge. Darunter waren zierliche kleine Flöten, aus Vogelknochen und Mammut-Elfenbein geschnitzt, die ältesten erhaltenen Musikinstrumente der Welt. Ob auch der rheinische Verwandte dieser Instrumentenbauer auf einer solchen Flöte geblasen hat? Welch ein Bild, sich den muskulösen Menschen mit der grobschlächtigen Physiognomie andächtig eine Flötenweise spielend zu denken!

Vielleicht hatten auch Neander und seine Freunde Instrumente dabei, wenn sie ihre Gottesdienste im Freien abhielten. Gerne hätten wir eine Vorstellung davon, wie Joachim Neander gesprochen, gesungen und gepredigt hat. Die Feiern der Pietisten hatten etwas Unmittelbares, Starkes und direkt Zu-Herzen-Gehendes. Gut möglich, ja sehr wahrscheinlich, dass die Wunder der Schöpfung, die Natur mit all ihren vielfältigen Erscheinungen, den Blumen, den rauschenden Wasserläufen, dem Vogelgesang, in schwärmerischer Weise in den Gottesdienst mit einbezogen wurden, dass die Schönheit Gottes in der Blüte des kleinsten Mauerblümchens entdeckt und besungen wurde: „Er ist dein Licht, Seele vergiss es ja nicht!" Mystik und der Pietismus nach der Art, wie ihn Neander verstand, sind seelenverwandt.

Wie seelenverbunden fühlen wir uns dem *Anderen?* Hat er nicht nur musiziert und gesungen, hat er auch religiös empfunden? Man kann behaupten, das eine gehe nicht ohne das andere. Ein singender Mensch ist immer auch ein religiöser Mensch. Auch wenn er das selber bestreiten sollte. Die Musik hebt seine Seele in eine nicht-materielle, eine ideelle Welt. Und hierdurch tritt sie in Beziehung zum Göttlichen, wie auch immer dieses zu denken ist.

Aber diese prinzipielle Überlegung soll uns nicht genügen. Gibt es andere, konkretere Hinweise auf die Religiosität des *Anderen?* Des Menschen, der vor dem Homo sapiens war, einige Tausend Jahre lang wohl unser Nachbar. Von dem es aber heißt, dass sich unsere Gene nie gekreuzt haben. Von dem wir nicht sicher wissen, warum er nicht überlebte. Ob er sich mit der Anpassung schwerer tat? Ob er nicht so fruchtbar gewesen ist? Oder ob – welch furchtbarer Verdacht – wir ihn gar erschlugen, wie einst Kain seinen Bruder Abel?

Sichere Beweise für sein religiöses Empfinden können wir nicht vorlegen. Aber Hinweise gibt es doch. Es sind die Fundstätten seiner Überreste, die in manchen Fällen auf ein Grab-ritual und Grabbeigaben schließen lassen, Blütenpollen in einem Grab im Irak, Anordnungen von gewissen Steinplatten in der Schweiz. Bestattungsriten sind deutliche Indizien für eine geistige Auseinandersetzung mit dem Jenseits, dem Weiterleben nach dem Tod und damit eine Vorform religiösen Lebens. Über die Tiefe des Empfindens ist damit noch nichts ausgedrückt, aber möglicherweise waren unsere Vorfahren auf ihre Art genauso innig mit Gott verbunden wie Joachim Neander, dessen Name auf sie übergegangen ist.

Joachim Neander musste bald schon Düsseldorf und sein geliebtes Tal verlassen. Zu groß waren die Spannungen in der Gemeinde geworden. Ein eigener Kopf wie er wollte die vielen Vorschriften, die man ihm machte, nicht akzeptieren. Die Kirchenoberen suchten kleinlich nach Gründen, ihn zu entfernen. Man warf ihm vor, an seiner Schule ohne Rücksprache Examen abgehalten, ohne um Erlaubnis zu fragen einen kurzen Urlaub genommen zu haben, desgleichen eine notwendige Reparatur am Schulgebäude. Vorgeschobene Gründe. Die eigentliche Ursache der Konflikte war sein Hang zum Pietismus.

Orthodoxie und Pietismus schienen damals unvereinbar. Als das Presbyterium ihn zwang, die Vorschriften zu unterzeichnen, ließ er sich demütigen. Aber er blieb nicht mehr lange, sondern ging 1679, nach fünf Düsseldorfer Jahren, zurück nach Bremen, wo er die Stelle als dritter Pfarrer an St. Martini annahm, unter den Fittichen seines frühen Förderers Pastor Undereyk.

Man nannte ihn den „Five-Prediger", weil er zur kalten Stunde, morgens um fünf Uhr, den schlecht besuchten Gottesdienst zu halten hatte. Nach nur einem Jahr in Bremen erkrankte er schwer, vielleicht an der Pest. Am Pfingstmontag 1680 starb Joachim Neander im Alter von dreißig Jahren. Die Stelle, wo er begraben liegt, ist unbekannt.

Auch die Stelle, wo der *Andere* seine letzte Ruhestätte fand, ist nicht mehr aufzufinden. Die idyllische Schlucht an der Düssel existiert nicht mehr. Die Kalkfelsen sind im 19. Jahrhundert gesprengt und zu Zement verarbeitet worden. Bei diesen Arbeiten hatten im August 1856 zwei Italiener im sechzig Zentimeter tiefen Lehmboden einer ehemaligen Grotte fossile Knochen gefunden. Der hinzugerufene Fabrikbesitzer hielt sie für die Überreste eines Höhlenbären und überließ sie dem Elberfelder Lehrer Johann Carl Fuhlrott, der sie jedoch korrekt dem Menschen zuordnete – allerdings einer bislang nicht gekannten zweiten Art.

Wegen der Fundstelle im Neandertal nannte man diese Art Neandertaler, *Homo neandertalensis*. Ironie der Geschichte: Neander bedeutet Neumann. So hießen die Vorfahren von Joachim Neander, die, einer Mode der Zeit folgend, ihren Namen ins Griechische hatten übertragen lassen, weil das schicker klang.

Der Schädel des Neandertalers ist heute im Rheinischen Landesmuseum in Bonn zu bewundern. Wo sich aber die steile Schlucht der Düssel in die Ebene schnitt, weitet sich heute ein grünes Tal; in seiner Mitte liegt das sehenswerte Neandertal-Museum.

Was von Joachim Neander bleibt, ist das Tal, das man nach ihm benannt hat: das Neandertal. Und natürlich seine Lieder. Kurz vor seinem frühen Tod veröffentlichte er ein Gesangbuch, ein kleines Büchlein mit achtundfünfzig Nummern, das den für heutige Ohren etwas umständlichen, aber seltsam-schönen Titel trägt:

A & O
Joachimi Neandri Glaub- und Liebes-Übung:
aufgemuntert durch einfältige Bundes-Lieder und Dank-Psalmen:
Neugesetzt nach bekannt- und unbekannten Sangweisen:

Gegründet auf dem zwischen Gott und dem Sünder
im Blut Jesu befestigten Friedens-Schluss:
zu lesen und zu singen auf Reisen, zu Haus
oder bei Christen-Ergötzungen im Grünen,
durch ein geheiligtes Herzens-Halleluja!

Neanders Lieder verbreiten sich rasch. Viele werden in andere Gesangbücher aufgenommen. Heute finden sich im Stammteil des Evangelischen Gesangbuchs drei seiner Lieder: „Wunderbarer König" (327), „Himmel, Erde, Luft und Meer" (504) und natürlich „Lobe den Herren, den mächtigen König", und zwar in der Ursprungsfassung (317), einer ökumenischen Fassung (316) und – eine besonders schöne Geste – in fünf weiteren europäischen Sprachen. Auch im Gotteslob ist Joachim Neander vertreten. Es vergeht wohl kein Sonntag, an dem nicht in irgendeiner Kirche die tröstlichen Zeilen gesungen werden:

In wie viel Not hat nicht der gnädige Gott
über dir Flügel gebreitet!

Gerhard Tersteegen

DER GROSSE ZAPFENSTREICH. Das große, feierliche Ritual mit seinen immer gleichen, fest vorgeschriebenen Abläufen. Zum Ausklang eines großen Manövers, zur Verabschiedung eines verdienten Politikers, bei Staatsakten. Ein militärisches Zeremoniell, auf dessen Höhepunkt es noch vor der Nationalhymne heißt: „Helm ab zum Gebet!", worauf ein Kirchenlied erklingt: „Ich bete an die Macht der Liebe!"

Wer steckt hinter diesem Lied? Sein Verfasser war kein ausgebildeter Theologe, kein Priester im amtlichen Sinne, nicht einmal Kirchenmusiker. Damit ist er die große Ausnahme unter all den vielen Kirchenlieddichtern. Gerhard Tersteegen war ein Laie, genauer gesagt ein Handwerker, der mit seiner Apparatur Seidenbänder wirkte. Trotz seiner fehlenden theologischen Ausbildung kannte er die biblischen Schriften wie kein Zweiter. Er lernte Latein, Griechisch und Hebräisch und war schon als Kind so begabt, dass man ihm ein Studium dringend nahegelegt hatte. Aber daraus war nichts geworden.

Gerhard wird 1697 in Moers am Niederrhein als jüngstes von acht Geschwistern geboren. Sein Vater, ein frommer, reformierter Kaufmann, stirbt schon früh. So schickt die Mutter den begabten Jungen aus Mangel an Mitteln nach Mülheim an der Ruhr, wo er bei einem Schwager das Geschäft seines Vaters erlernen soll. Doch schon bald langweilt ihn die Arbeit zwischen Gurkenfässern und Kontor. Wann immer er kann, zieht er sich mit einem Buch auf den Speicher zurück. Es sind Bücher mit religiösen Inhalten, geistliche Erbauungsschriften. Sein Schwager sieht es mit Misstrauen, versucht dem Lehrling die Flausen auszutreiben, indem er ihn leere Fässer über den Hof rollen lässt. Von rechts nach links und von links nach rechts, sinnlos, zwecklos. Bloß damit er beschäftigt ist, damit er keine Zeit findet für die unnütze Literatur. Keine leichte Zeit für Gerhard Tersteegen. Aber er hält durch, eröffnet mit zwanzig seinen eigenen kleinen Laden in Mülheim.

Zum Kaufmann aber muss man geboren sein. Bald gehen die Geschäfte schlecht und Tersteegen vernachlässigt seine Arbeit. Lieber trifft er sich mit Gleichgesinnten, die seine geistlichen Interessen teilen. Einer von ihnen ist der Predigtamtkandidat Johann Wilhelm Hoffmann. Er gilt als Separatist, findet in der offiziellen Kirche keine Anstellung. Seine erbaulichen Übungen sind der Amtskirche suspekt. Gerhard Tersteegen, der erfolglose Kaufmann aber, findet in diesen Übungen seine Mitte. Mithilfe des Gebetes und meditativer Übungen versenkt er sich in sein Inneres, befreit sich von allem Äußeren, von allen Wünschen und Sehnsüchten, ja von allem Wollen, entleert sich, wird zum Gefäß, ist bereit, Jesus und seine Liebe zu empfangen. Mehrmals am Tag führt er diese Übungen durch, wird immer erfahrener in dieser stillen Kunst.

Den Krämerladen kann und will er schließlich nicht weiterführen. Er verkauft, was er hat, und schafft sich eine Apparatur an, mit der er aus Seidenfäden Bänder wirken kann. Davon will er künftig leben. Er braucht ja nicht viel, ist nicht verheiratet, hat selbst kaum Bedürfnisse.

Wie kann ich zur Einheit mit Christus gelangen? Diese Frage beschäftigt ihn vor allen anderen. Die Haltung der reformierten Kirche kennt er gut und auch die der anderen Konfessionen. Der Niederrhein ist Grenzland. Reformierte, Lutheraner und Katholiken leben hier dicht an dicht, schwärmerische Wanderprediger ziehen durch die Städte und reden auf die Leute ein. Wer von ihnen hat recht? Wer kennt den Weg zum Heil? Die Lutheraner, die sagen: „allein durch den Glauben" und „allein durch die Gnade"? Die Katholiken, die die Einheit mit Christus in den

Sakramenten suchen? Die Wanderprediger mit ihren verwirrenden Thesen? Oder doch die väterlichen Glaubensbrüder, die Reformierten? Gerhard Tersteegen sucht überall nach Antworten. Auch bei der alten Kirche. Er hat keine Schere im Kopf, kennt keine Tabus, wenn es darum geht, mehr zu erfahren. Bei seiner Suche geht er weit zurück, sucht in den Schriften, sucht nach frühen Vorbildern, nach Menschen, die selber Suchende waren.

Er liest Lebensbeschreibungen über frühe Heilige, Vorbilder im Glauben. Über den heiligen Franziskus, die heilige Teresa, Jesus, Johannes vom Kreuz, Thomas von Kempen. Tersteegen übersetzt ihre Lebensläufe ins Deutsche. Der Vorwurf von Freunden, er wende sich von der reformierten Kirche ab, indem er das Leben katholischer Heiliger studiere, ficht ihn nicht an. Nicht die offiziellen Lehren der Kirchen interessieren ihn, ja er beäugt sie sogar mit unverhohlener Skepsis.

Obwohl er in Mülheim im Schatten der Petrikirche wohnt, besucht er die Gottesdienste kein einziges Mal. Er ist sich sicher, dass er dort nicht die Antworten auf seine Fragen findet, denn Kirche neigt zur Veräußerlichung. Christus aber glaubt Tersteegen nur in sich, nur in der Stille zu finden.

Askese – vielleicht ist das der Weg zu Christus, zur Einheit mit ihm? Durch Askese die Ansprüche des Leibes besiegen. Fasten und beten. Nur Brennsuppe trinken, Mehl mit Wasser und etwas Milch vermischt, kein Fleisch, keinen Alkohol. Diesen Weg sind viele Heilige gegangen, vielleicht gelingt es ihm ebenfalls. Vielleicht kann er den großartigen Moment der inneren Erleuchtung erfahren, seine Seele vom Gefängnis des Leibes befreien und eins werden mit Gott. Aber stets wehrt sich sein Körper dagegen, ihn quälen heftige Koliken und Kopfschmerzen. Wie soll er da mit Christus verschmelzen? Wenn er doch ein Zeichen bekäme, ein himmlisches Zeichen – so wie einst Franz von Assisi!

An einem Frühlingstag im Jahr 1724, unterwegs zu einer Nachbargemeinde, wird er plötzlich auf einem einsamen Waldweg zu Boden geworfen. Der Strahl einer unbekannten Sonne hat sein Innerstes getroffen. Im Gefühl gleißender und zugleich schmerzlicher Schönheit empfängt er die Gnade des Herrn. Bebend gräbt er seine Hände in den Waldboden. Endlich! Tränen schießen in seine Augen. Endlich ist es gewiss. Christus will sein Leben, will es ganz.

Am Gründonnerstag nimmt der 27-Jährige sein Messer zur Hand, fügt sich einen tiefen Schnitt zu, nimmt eine saubere Feder und schreibt einen Brief nieder. Mit seinem eigenen Blut.

Meinem Jesu!
Ich verschreibe mich dir, meinem einzigen Heiland und Bräuti-
gam Christo Jesu, zu deinem völligen und ewigen Eigentum. Von
diesem Abend an sei dir mein Herz und ganze Liebe auf ewig zum
schuldigen Dank ergeben und aufgeopfert! Von nun an bis in
Ewigkeit nicht mein, sondern dein Wille geschehe! Befehle, herr-
sche und regiere in mir! Ich gebe dir Vollmacht über mich und
verspreche, mit deiner Hilfe und Beistand eher dieses mein Blut
bis auf den letzten Tropfen vergießen zu lassen, als mit Willen und
Wissen in- und auswendig dir untreu oder ungehorsam zu werden.
Dein Geist versiegle es, was in Einfalt geschrieben dein unwür-
diges Eigentum.
Gerhard Tersteegen

Sein Leben „übergeben" – im Pietismus nichts Ungewöhnliches. Ein feierlicher, ein bewegender Moment. Man übereignete sich Jesus, legte sein Leben in seine Hände. Kaum jemand aber tat dies mit solch einer Radikalität wie Gerhard Tersteegen. Fortan sollte sein ganzes Leben Christus gehören. Dem Leben Christi nachzueifern, mit ihm zu verschmelzen, das war von nun an sein ganzes Streben.

Wie hatte Jesus zum Betrüben des jungen wohlhabenden Mannes gesagt? „Eher geht ein Kamel durch ein Nadelöhr, als ein Reicher in das Himmelreich!" So verschenkt Tersteegen konsequent seine verbliebene Habe. Nach dem Tod der Mutter gibt er – zum Bestürzen seiner Geschwister – sein Erbteil an die Armen. Auch sonst will er Jesus nachfolgen, will Kranke heilen so wie er. In die Kunst der Heilkräuter vertieft er sich, behandelt viele Menschen, ohne einen Lohn zu fordern.

Seine wichtigste Aufgabe aber wird, von Jesus zu erzählen, seine Botschaft weiterzutragen. Ein Menschenfischer will er werden. Und er predigt gut. Seine Botschaft erreicht die Herzen. Die Radikalität seiner Nachfolge überzeugt und fasziniert – und erst recht sein Mut. Keinen lässt Tersteegen gelten, der über der christlichen Botschaft zu stehen meint. Erst recht nicht die modernen Freidenker jener Zeit, allen voran der preußische König, der mit Voltaire und dem Geist der Aufklärung kokettiert.

Tersteegen schreibt eine kritische Abhandlung: „Gedanken über eines Anonymi Buch, genannt vermischte Werke des Welt-Weisen zu Sanssouci". In dieser Schrift geht er – sanft im Tonfall, aber hart in der Sache – mit Friedrich dem Großen ins Gericht. Dieser wundert sich sehr, als man ihm das Büchlein vorlegt: „Können das die Stillen im Lande?"

Tersteegen wird bekannt. Von überall kommen die Leute, um ihn predigen zu hören, manche auch nur, um ein Wort von ihm zu empfangen. Im Bergischen und Cleveschen Land lassen sich viele bekehren, der Zulauf wird immer größer. Geschenke, die ihm gemacht werden, reicht er an die Bedürftigen weiter. Oft wird es ihm zu viel. Bleibt kein freier Fleck mehr in seinem Versammlungsraum, hängen die Besucher in den Fenstern, um ihn von Gott sprechen zu hören. Täglich erreicht ihn Post, muss er Briefe aus allen Teilen Deutschlands beantworten. Und nicht nur aus Deutschland. Auch aus den nahen Niederlanden schreibt man ihm, ja selbst aus Amerika. Viele fragen ihn, was sie machen sollen, um wie er zu Gott zu finden. So manch einer will ihm auf dem Weg der radikalen Lebenswendung folgen.

Auf einem Hof bei Velbert, einem Geschenk von Anhängern, gründet er die „Pilgerhütte", eine Kommunität von Brüdern, die sich wie Mönche zu einer Lebens- und Glaubensgemeinschaft zusammenfinden. Tersteegen selbst bleibt in Mülheim, schreibt aber für die Brüder die geistliche Regel nieder, die Grundlage für ihr gemeinsames Leben: „Euer Beruf ist, die Welt und deren Geist in der Wahrheit zu verlassen, eurer verderbten Natur und allem eigenen Leben beständig abzusterben und Tag und Nacht umzugehen in eurem Herzen durch die Übung des wahren Gebets."

Seine Popularität wird den Vertretern der offiziellen Kirche unheimlich. Zwar greift er sie niemals an, achtet auch sorgfältig darauf, seine Versammlungen niemals zu Gottesdienstzeiten abzuhalten, dennoch sind die Geistlichen verstimmt. Sie intervenieren bei ihrem Fürsten, warnen vor Zersplitterung und Verwirrung, malen das Bild eines aufsässigen Separatisten, der bald nicht mehr zu kontrollieren sein wird. Und der Staat reagiert. Man verbietet seine Donnerstags-Versammlungen. Zehn Jahre lang.

In den wenigen Mußestunden, die ihm bleiben, wird er zum Dichter. Sein Vorbild ist Joachim Neander, dessen Liederbuch er besonders lobt. Auch in Tersteegens Liedern spielt die lebendige Natur eine zentrale Rolle. So besingt er die Jahreszeiten und den Zauber des sich regenden Lebens. Im Tanz der kleinsten Biene, im unscheinbarsten Blättchen, im feinsten Grashälmchen erkennt er das Wirken Gottes. Weiche Lieder entstehen, keine kräftigen, kontrastreichen. Zarte Töne, weder laut noch aufdringlich. Tersteegen schreibt mit zierlicher Feder, nicht mit dem bestimmenden Duktus einer barocken Kraftgestalt. So entsteht ein Liederheft, das 1729 zum ersten Mal erscheint: „Geistliches Blumengärtlein inniger Seelen".

Viele weitere Auflagen folgen und mit jeder Auflage wächst der Umfang. Schließlich sind es 111 Lieder. Im Stammteil des

Evangelischen Gesangbuchs finden sich noch acht von ihnen: „Jauchzet, ihr Himmel, frohlocket, ihr Engel", das im Gotteslob auf die Melodie von „Lobet den Herren" gesungen wird (EG 41, GL 144); „Brunn alles Heils, dich ehren wir" (EG 140); „Jesu, der du bist alleine" (EG 252); „Gott rufet noch. Sollt ich nicht endlich hören?" (EG 392); „Kommt, Kinder, lasst uns gehen" (EG 393); „Nun schläfet man" (EG 480); „Nun sich der Tag geendet, mein Herz zu dir sich wendet" (EG 481); „Ich bete an die Macht der Liebe" steht in manchen Regionalteilen.

Tersteegens wohl bekanntestes Kirchenlied im Evangelischen Gesangbuch ist die Nummer 165: „Gott ist gegenwärtig". Die vier Strophen lesen sich wie das Programm seines Christenlebens: Ehrfürchtige Anbetung, Berufung, die Übergabe des Lebens in die Hände Christi und schließlich die lobpreisende Dankbarkeit.

Gerhard Tersteegen wurde trotz seiner stets gebrechlichen Gesundheit 72 Jahre alt. Was erinnert heute noch an ihn – neben seinen Liedern und dem Großen Zapfenstreich? Jedenfalls kein Bild. Er hat sich nie malen lassen. Warum auch? „Leuchtet dadurch Christi Botschaft heller?", würde er uns fragen.

Was bleibt: ein Fachwerkhaus im Herzen Mülheims, sein ehemaliges Wohnhaus; heute ein Heimatmuseum mit vielen Hinweisen auf den Dichter. Außerdem: zahlreiche Straßen im Bergischen und Niederrheinischen, die seinen Namen tragen, ein Gedenkstein in der Nähe des abgerissenen Ausflugslokals „Tersteegensruh" auf einer Anhöhe über der Ruhr. Am wichtigsten sind aber wohl: sein soziales Engagement, das so viele Früchte hervorgebracht hat, so viele Menschen animierte, es ihm gleichzutun. Eine Schule und eine Kirche in Düsseldorf, ein Alten- und Pflegeheim in Iserlohn, ein Institut in Oberhausen mit vielfältigen Hilfsangeboten für benachteiligte Kinder. Die Spuren von Gerhard Tersteegens gelebter Nächstenliebe, sie sind heute noch zu finden.

Jochen Klepper

SCHLESIEN. EIN MÄCHTIGER Strom zieht seine Bahn durch die weiten grünen Auen: die Oder. An einer Biegung ein kleines Städtchen, munteres dichtes Häusergewirr, im dahinströmenden Wasser spiegelt sich seine Silhouette. Drei Türme beherrschen das Bild. Am rechten Rand der stolze Rathausturm mit seinen glänzenden Kuppeln, in der Mitte der Turm der katholischen Pfarrkirche, ein mächtiger gedrungener Bau, und gleich daneben, sich schlank zuspitzend, der Turm der evangelischen Kirche.

Es ist das Jahr 1903, ein erster lauer Frühlingstag. Aus einem Haus stürzt aufgeregt ein junger Mann. Er eilt die engen Gassen hinunter, dem Fluss entgegen. In seiner Hand blinkt eine klare Flasche, die Strahlen der Märzsonne spiegeln sich darin. Passanten schauen ihm verwundert hinterher. Das ist doch der Pastor der evangelischen Gemeinde, Pfarrer Klepper! Was hat er's denn so eilig, wo will er denn hin, noch dazu mit einer Flasche Schnaps unter dem Arm? Nun eilt er die alten Fischertreppen hinunter, überspringt die ausgetretenen Stufen fast. Begeisterung liegt auf seinem erhitzten Gesicht, atemlos erklimmt er den Oderdeich. Arbeiter stehen dort oben, sehen ihn kommen, lassen ihre Spaten sinken.

„Es ist da!", ruft er ihnen entgegen und schwenkt die Flasche. „Es ist ein Junge!"

Die Arbeiter lachen, freuen sich mit ihm. Schnell entkorkt er die Flasche und schenkt ihnen die Becher voll, prostet allen zu: „Habe ich meine Sache nicht gut gemacht?"

Die Arbeiter lachen erneut und stoßen mit ihm an. Sie trinken auf sein Wohl und auf das des neuen Erdenbürgers. „Wie soll er denn heißen?"

„Jochen!"

„Also dann, auf den kleinen Jochen, Glück und Gesundheit!"

Doch um die Gesundheit des Jungen ist es nicht gut bestellt, er ist ein kränkliches Kind. Schwere Asthmaanfälle machen ihm zu schaffen. Oft keucht es aus seinen Lungen, er bekommt schwer Luft.

Die Mutter ist tief besorgt. Ständig ist sie in seiner Nähe, lässt ihn nicht aus den Augen. So geht das die ersten Lebensjahre. Jochen verlässt kaum einmal das elterliche Haus. Nur selten darf er mit Kameraden spielen. Immer enger wacht die Mutter über ihn.

„Du verzärtelst ihn", tadelt der Vater. Eifersucht regt sich in seinem Herzen.

Jochens Welt ist die behütete Welt seiner Familie. Da sind seine älteren Schwestern, vor allem jedoch sein jüngerer Bruder Eduard, mit dem er stundenlang Puppentheater spielen kann. Eduard bastelt mit großem Geschick die Kleider und Jochen erfindet die Stücke. So holt er sich die Welt ins Haus. Eine öffentliche Schule darf Jochen nicht besuchen, er wird zu Hause unterrichtet, vom eigenen Vater. Mit ängstlicher Liebe wacht die Mutter weiter über ihren Jungen.

Der Unmut des Vaters wächst, der Unterricht wird strenger. Schließlich trifft der Vater eine Entscheidung: Der Junge soll aufs Gymnasium.

Da es in dem kleinen Beuthen keine Oberschule gibt, schickt man ihn ins zwanzig Kilometer entfernte Glogau. Vierzehn Jahre ist er nun. Da die täglichen Bahnfahrten zu anstrengend wären, findet man einen Lehrer, der ihn zur Untermiete bei sich wohnen lässt. Dieser nimmt sich des schüchternen Jungen mit den fragenden dunklen Augen an.

Jochen bewundert bald die energisch zupackende Art des Mannes. Es ist das Jahr 1917 – Kriegszeit. Im Westen fordern die Kämpfe immer neue Opfer, die Euphorie ist schon lange verflogen. Doch sein Lehrer glaubt weiter an den Sieg, will auch seine Schüler für den Patriotismus begeistern.

Der scheue Junge kann mit den forschen Kriegsgesängen nichts anfangen. Stattdessen zieht er sich in sein Zimmer zurück und liest in seinem geliebten Rilke oder in Heines „Buch der Lieder". Heimlich schreibt er erste Gedichte. Seine Vertraute wird die junge Frau eines Arztes. An sie denkt er, wenn er seine Verse schreibt:

Wilde rote Rosen blühen,
schwere schwarze Wolken ziehen –
bunte wirre Lieder klingen,
Schmetterling regt samtene Schwingen,
und du weinst?

Wenn in Nachtsees dunklen Fluten
Sonnenstrahlen still verbluten,
ernste Glocken müde grüßen,
weiße Blumen Kelche schließen,
lächle ich.

Die letzten Schuljahre ziehen sich in die Länge. Dabei bleibt auch das Verhältnis zu seinem bewunderten Lehrer nicht spannungsfrei. 1922 dann endlich das Abitur. Jochen Klepper zieht es in die Ferne. Nach Franken reist er, nach Erlangen, schreibt sich bei den Theologen ein. Er lernt Hebräisch und belegt die anderen Einführungsfächer, aber daneben zieht es ihn zu den Künsten. „Theorie der Musik" hört er und „Nordische Dichter und Denker".

Mit Erlangen hätte es vielleicht etwas werden können, wenn da nicht seine Pensionswirtin gewesen wäre. Olly Budjuhn heißt sie – und sie ist eine Dichterin. Ihre Neigung empfindet sie als Beruf, daher lässt sie sich auch im Erlanger Adressbuch so eintragen: Olga Maria Budjuhn, Schriftstellerin.

Die ganze Liebe dieser Frau gilt Griechenland: Sie schreibt Hymnen im hölderlinschen Stil, erntet sogar einen Orden vom griechischen König dafür. Später geht ihre Neigung mehr in Richtung nordische Gesänge; ihre Hymnen auf Hitler werden mit einem Dankesschreiben aus der Reichskanzlei belohnt. Berühmt will sie werden und bewundert – und in ihrem jungen Untermieter sieht sie ein willkommenes Opfer. Kaum eine Gelegenheit lässt sie aus, ihn zu sich in die Stube zu bitten und ihm aus ihren Versen vorzutragen:

Wer gab dir die Flöte des großen Pan,
die sehnende Schilfrohrflöte?
Du setztest sie lind an die Lippen an:
Da fiebern die Berge zum Himmel hinan,
als ob sie das Heimweh töte.

Anfangs lauscht der junge Theologiestudent aufmerksam. Da ist jemand, der dichtet wie er. Eine Frau, wohl gute zwanzig Jahre älter, welche ihm voller Inbrunst ihre Verse deklamiert. Deren Pathos allerdings irritiert ihn schon bald, die Lesungen beginnen ihn zu langweilen. Immer schwülstiger empfindet er ihre Hymnen. Doch Olly Budjuhn blüht sichtlich auf, genießt ihre Auftritte, und er ist zu schwach, sich dagegen zu wehren. Bald schon sitzt er wieder auf ihrem schweren Sofa.

Da schreitet die Jugend in seligem Tanz.
Da rieseln die Quellen leiser.
Da schimmern unterm Akanthuskranz
die Stirnen der Mädchen weißer.

Unruhe und Missmut ergreifen ihn, endlos scheint die Zeit dahinzukriechen. Endlich, endlich entlässt sie ihn auf sein Zimmer.

Erholung bedeuten ihm die Besuche in Nürnberg bei der Verwandtschaft seiner Mutter. Besonders zu Tante Liesl, der jungen Schauspielerin, fühlt er sich hingezogen. Welch eine schöne, selbstbewusste Frau! Nicht genug kann er bekommen, wenn sie vom Theater erzählt. Er fühlt die Liebe zur Bühne in sich wachsen. Wenn er dann nach solchen erfüllten Stunden mit dem Zug abends zurück nach Erlangen fährt, spürt er die Beklemmung, die sein Herz einzuschnüren beginnt. Schwerer werden seine Schritte, als er in die Wilhelmstraße einbiegt. Vorsichtig will er ins Haus schlüpfen, aber der Hauseingang liegt seitlich, vom Fenster der Dichterin gut einsehbar. Schon hat sie ihn erspäht, bittet ihn „noch ein Viertelstündchen" zu sich in die Stube. Und seufzend fügt er sich darein.

Immer häufiger aber geschieht es nun, dass er Ausflüchte zu gebrauchen beginnt, das Studium vorschiebt, um sich dem allzu traulichen Tête-à-tête zu entziehen. Seine Zimmerwirtin spürt seinen Widerstand, reagiert beleidigt. Schnell jedoch fängt sie sich wieder, verwöhnt ihn mit Leckereien, worauf er wieder in ihrer Stube sitzt.

Sie spornt ihn an, eigene Gedichte zu schreiben, lauscht diesen auch oberflächlich, um jedoch gleich wieder die eigenen, schweren Verse dagegenzusetzen. „Ein Vampir", denkt sich Jochen Klepper, „ein seelischer Vampir!" Und obwohl er selbst das Pathos hasst und ihm dieser Vergleich schon zu pathetisch dünkt, fällt ihm kein passenderer ein. Schließlich hält er diese Behandlung nicht länger aus: Er verlässt Erlangen, verlässt es auf Nimmerwiedersehen, geht zurück in seine schlesische Heimat.

In Breslau schreibt Jochen Klepper sich wieder bei den Theologen ein. Doch das Studium macht ihm auch hier keine rechte Freude, abgesehen von den Vorlesungen über Martin Luther. Das Leben des großen Reformators fasziniert ihn. Am liebsten jedoch sitzt er auf seiner kleinen Bude im Wohnheim und dichtet.

Bald drängt es ihn, seine kleinen Werke einem größeren Publikum vorzustellen, und er lädt zu einer Lesung ein. Das schmale Sofa rückt er zurecht, eine Schale Schokolade stellt er daneben. Aber nur wenige kommen. Viele lachen heimlich über ihn, halten ihn für überspannt, nennen ihn ein ästhetisches Schmaltier. Doch er lässt sich nicht beirren, schickt seine Gedichte auch an Zeitungsredaktionen. Welches Hochgefühl, als das erste veröffentlicht wird! Aber bei Gedichten will er nicht stehen bleiben, er plant bereits größere Werke. Abends setzt er sich an seinen Schreibtisch und schreibt die Gespräche des Tages nieder, auch wenn sie noch so klein und unbedeutend gewesen sind. So wortgetreu wie möglich versucht er sich zu erinnern. Eine Materialsammlung entsteht.

Das Klima in seinem Wohnheim behagt ihm bald nicht mehr. Er braucht mehr Raum um sich, sehnt sich auch nach einer familiäreren Atmosphäre. Er findet sie im Haus von Hanni Stein, einer jüdischen Witwe, die den jungen Studenten gern bei sich aufnimmt. Sie ist froh, etwas männliche Gesellschaft für sich und ihre beiden jungen Töchter zu bekommen. Jochen Klepper fühlt sich wohl in ihrem Haus und wird bald vertrauter mit der immer noch schönen Frau. Er verliebt sich und seine Liebe bleibt nicht unerwidert.

Hanni Stein stammt aus einer wohlhabenden Nürnberger Familie, die mit Mode handelte. Sie hört aufmerksam zu, wenn er von seinen literarischen Plänen erzählt. Aber Hanni ist nicht nur eine gute Zuhörerin, sie ist auch hilfsbereit: Als Jochens Eltern in der Inflationszeit in wirtschaftliche Not geraten, unterstützt sie diese großzügig. Die Abneigung der Kleppers gegen die jüdische Geliebte ihres Sohnes verstärkt sich allerdings durch diesen Großmut eher noch. Jochen Klepper hält den Anfeindungen stand: 1931 heiratet er Hanni Stein. Das Studium gibt er auf, arbeitet fortan als Journalist für Zeitungen und den Hörfunk. Er spürt jedoch, dass seine berufliche Zukunft nicht in Breslau liegen kann. Es drängt ihn in die Hauptstadt. Und so ziehen die beiden nach Berlin.

Ein Roman entsteht, eine Biografie. Das Leben Friedrich Wilhelms I., des Soldatenkönigs. Jochen Klepper schreibt keine historische Nacherzählung, keine Glorifizierung preußischer Macht. Es ist eher ein leises Buch, eine Entwicklungsgeschichte. Da ist ein Herrscher zwischen Macht und Gewissen, das Gewissen geprägt durch christliche Erziehung. Zugleich veranschaulicht das Buch die Spannungen zwischen weltlicher Macht und göttlichem Anspruch. Jochen Klepper lässt den König nicht an diesen Spannungen zerbrechen. Im Gegenteil: Friederich Wilhelm wächst an den Widersprüchen, stellt sich seiner Verantwortung. So wird aus dem Herrscher ein Vater für sein Volk. „Der Vater", so heißt denn auch der Titel des Romans. Das Buch wird ein großer Erfolg. Der Name Jochen Klepper wird mit einem Mal im ganzen Land bekannt.

Doch der junge Autor hat wenig Zeit, sich über seinen Erfolg zu freuen. Es ist das Jahr 1937. Die neuen Machthaber haben die Nürnberger Gesetze erlassen. Für Mischehen mit jüdischen Partnern drohen scharfe Sanktionen. Jochen Klepper wird aus dem Schriftstellerverband ausgeschlossen. Das bedeutet so viel wie Berufsverbot, denn nun darf er nichts mehr veröffentlichen. Man legt ihm nahe, sich scheiden zu lassen. Frei wäre er dann, frei und ungebunden. Seiner Karriere als erfolgreichem Schriftsteller stünde dann nichts mehr im Wege.

Jochen Klepper reagiert auf seine Weise: Er heiratet Hanni nun auch kirchlich. Und er kämpft um seine Rechte. Er ist doch der Autor des „Vaters", auch die nun Herrschenden loben seinen Roman. Ihm gelingt ein Teilerfolg. Er darf weiter schreiben, darf weiterhin veröffentlichen, vorerst zumindest. Doch die Angst vor dem Schreibverbot hat sich bei ihm eingenistet. Von ihr kann er sich nie mehr ganz befreien.

1939 überfallen deutsche Truppen den polnischen Nachbarn – der Zweite Weltkrieg bricht aus. Auch Jochen Klepper wird Soldat. Doch schon bald wird er wieder entlassen: Wer mit einer Jüdin verheiratet ist, gilt als wehrunwürdig.

In Berlin wie im übrigen Deutschland wird die Lage für die jüdischen Mitbürger immer schwerer. Einigen gelingt die Ausreise, viele werden deportiert, nicht wenige wählen den Freitod. Fieberhafte Überlegungen machen sich auch im Hause Klepper breit. Die älteste Tochter kann ausreisen, aber für Renate, die jüngere, die Jochen Klepper besonders ans Herz gewachsen ist, erhalten sie keine Ausreisegenehmigung.

Der Dichter kann nicht mehr schreiben. Das Manuskript über Luthers Ehefrau Katharina von Bora bleibt liegen. Trost findet er nur bei seiner Familie und in der Heiligen Schrift, beim Propheten Jesaja vor allem. An Emigration denkt er nicht, zu verwurzelt ist er mit der deutschen Sprache. Was soll er im Ausland, für wen soll er dort schreiben?

Einen anderen Weg denkt er stattdessen, denkt ihn immer häufiger in diesen Tagen. Eine letzte Tür steht ihnen noch offen. Mit Hanni bespricht er sich, drückt ihre Hand ganz fest. Ja, gemeinsam würden sie durch diese Tür treten, er und Hanni, treu bis zuletzt. Lieber gemeinsam sterben, als hilflos zusehen müssen, wie man Hanni abführt. – Aber was wird aus Renate? Sie ist doch noch so jung, zu jung. Sie soll doch, sie *muss* doch weiterleben.

Immer öfter schrecken sie zusammen. Trampeln da nicht schon Gestapostiefel? Wann werden sie kommen, Hanni und Renate abzuholen? Jochen Klepper wirft sich den Wintermantel über, macht Besuche, hört sich um. Alles vergebens. Oder doch nicht? Man nennt ihm einen Namen, dort könne er vielleicht noch etwas erreichen. Jochen Klepper zuckt zusammen, als er die Adresse hört.

Berlin, Prinz-Albrecht-Straße. Ein großer, klotziger Bau, das Reichssicherheitshauptamt. Ein mächtiger Mann trifft von hier aus seine Entscheidungen. Adolf Eichmann heißt er. Jochen Klepper geht mit bangem Gefühl die breiten Treppen hinauf, meldet sich an. Man lässt ihn warten, endlich führt man ihn hinein.

Das Gespräch ist kurz. Niedergeschlagen kehrt Jochen Klepper nach Hause zurück, spricht kein Wort. Das Mädchen sieht den erschöpften Vater, ergreift seine Hand, schaut ihm offen in die Augen: „So will ich mit euch gehen, ich fürchte mich nicht. Hab keine Angst, Papa!"

Am Abend ruft Hanni Klepper ihre Hausgehilfin. Sie würden morgen gerne etwas länger schlafen, sie solle doch so lieb sein und noch diesen Blumentopf bei Bekannten als Geschenk vorbeibringen. Als das Hausmädchen zurückkommt, klebt an der Küchentür ein handgeschriebener Zettel: Vorsicht, Gas! –

Erschrocken öffnet das Hausmädchen die Tür, stürzt zum Fenster, reißt es auf, dreht auch die Gashähne zu. Zu spät. Auf dem Küchenboden liegt eine Daunendecke, darauf drei Menschen. Mutter und Tochter halten sich eng umschlungen, daneben liegt der Vater. Seine Augen sind geöffnet, auf seinem Gesicht liegt ein großes Erstaunen.

Was bleibt? Es sind die Gedichte vor allem, die vertont wurden und auch heute noch oft gesungen werden. In vielen Gesangbüchern sind sie zu finden, viele sind in größter Not geschrieben worden, zeugen von tiefer Gläubigkeit. Im Evangelischen Gesangbuch finden sich zwölf der schönsten, drei von ihnen sind auch im Hauptteil des Gotteslobs enthalten: „Die Nacht ist vorgedrungen" (EG 16, GL 111), das Jahresschluss- oder Neujahrslied „Der du die Zeit in Händen hältst" (EG 64, GL 157) und „Gott wohnt in einem Lichte" (EG 379, GL 290). Auch ein Abendlied stammt von Jochen Klepper, ein Trostlied:

In jeder Nacht, die mich umfängt,
darf ich in deine Arme fallen,
und du, der nichts als Liebe denkt,
wachst über mir, wachst über allen.
Du birgst mich in der Finsternis.
Dein Wort bleibt noch im Tod gewiss.

Auf dem Friedhof in Nikolassee, nicht weit vom Grabe Heinrich von Kleists entfernt, hat man sie begraben, Jochen Klepper, seine Frau Hanni und ihre Tochter Renate.

Friedrich Dörr

EINE HÜGELIGE LANDSCHAFT, schneebedeckt, gleich hinter Nürnberg. Immer schon hat das Lied in dieser Gegend eine wichtige Rolle gespielt. Ich denke an Hans Sachs und die lange Tradition der Meistersänger, an Windsbach mit seinem berühmten Knabenchor. Und natürlich an Wolfram, den bekannten Minnesänger, den Dichter des „Parsifal". Alle stammen sie von hier, aus dem südlichen Franken. Ich verlasse die Autobahn und werde nun über die Dörfer geleitet. Warm leuchtet der rote Sandstein der Mauern und Stadttürme an diesem sonnigen Wintertag. Eine Anhöhe noch, dann habe ich mein Ziel erreicht. Vor mir liegt Wolframs-Eschenbach.

Die Stadt ist von einem tiefen Graben und einer intakten Mauer umgeben. Durchs Tor jedoch will man mich nicht lassen. Eine große Biene klärt mich auf, dass in einer Stunde der Faschingsumzug beginnt, ich solle draußen vor der Stadt in einer Seitenstraße parken. Als ich zu Fuß zurückkehre, steht immer noch die Biene da und verlangt einen Euro von mir. Der Obolus zum Faschingsumzug. Ich sage, dass ich mir nur die Ausstellung im Museum ansehen möchte, was die Biene jedoch wenig beeindruckt. Ihr resoluter Blick macht mir klar, verhandeln ist hier zwecklos.

Brav zahle ich den Wegezoll, worauf die Biene mir einen weißen Anhänger aushändigt und mich eintreten lässt. Kaum jedoch habe ich das Stadttor passiert, da stehen mir zwei grimmige Eisbären gegenüber. „Macht einen Euro", knurren sie mich an. Triumphierend ziehe ich den frisch erstandenen Anhänger aus der Tasche. „Umhängen", knurrt der Seniorbär – und ich begreife, dass Fasching in diesen Breiten eine durchaus ernste Angelegenheit ist. An luftballongeschmückten alten Bürgerhäusern vorbei führt die Straße zum Marktplatz hinunter, wo eine Gruppe von Fröschen, mit Blasinstrumenten bewaffnet, um das Wolframsdenkmal Aufstellung nimmt.

Ich beginne schon zu zweifeln, ob das Museum an einem solchen Tag überhaupt geöffnet hat, doch meine Sorgen sind glücklicherweise unbegründet. Eine freundliche junge Frau an der Kasse des großzügigen, historischen Museumsbaus lässt mich eintreten.

In den unteren Räumen befindet sich die Sonderausstellung, das Ziel meiner Reise. Ein großes Ölgemälde empfängt den Besucher, von zwei an Hotelgardinen erinnernden Schärpen umrahmt: „Hundert Jahre Professor Dr. Dr. Friedrich Dörr". Ein kluges Gesicht, lebendige Augen hinter runden, etwas altmodischen Brillengläsern. Rechts und links geben zehn Schautafeln und Glasvitrinen über die verschiedenen Episoden seines Lebens Auskunft.

Die erste Station berichtet über die Kindheit des Dichters. 1908 wurde er in Wolframs-Eschenbach geboren, das damals noch Obereschenbach hieß. Erst 1917 benannte sich die Gemeinde nach ihrem größten Sohn. Ein ungewöhnlicher Schritt. Welche Stadt, die auf solche Art einen Dichter geehrt hätte? Fotografien zeigen den kleinen Friedrich mit seiner Familie. Der Vater war Bäcker und Bürgermeister, ihm ähnelt Friedrich am meisten. Die Mutter dominiert in ihrer Körperfülle das Bild. Auf ihrem Gesicht scheint eine leichte Wehmut zu liegen. Ein älteres Mädchen trägt schon geistliche Tracht. Offensichtlich spielte der Glaube eine große Rolle in der Familie.

Friedrichs Jugend verlief unspektakulär. Das Übertrittszeugnis der Volksschule weist ihn als begabten und fleißigen Schüler aus. Zum Gymnasium wechselt er in die Bischofsstadt Eichstätt. Mit sauberer, beherrschter Handschrift schreibt er Briefe nach Hause. Erste Gedichte besingen die Heimat und tadeln den, der sein Glück in der Ferne sucht.

„Ich war noch niemals in New York ..." Plötzlich ertönt von draußen laute Musik. Nein, nicht die lustige Froschkapelle. Konservenmusik. Was um alles in der Welt hat Udo Jürgens' Fernwehklage mit Fasching zu tun? Ich trete hinüber zur nächsten Vitrine.

Abitur in Eichstätt, wieder mit Auszeichnung. Dann eine Fotografie des Petersplatzes. Beginn des Studiums in Rom, Philosophie und Theologie. Eine großzügige Villa in den römischen Bergen, der Landsitz der deutschen Theologiestudenten. Hier habe sich Friedrich Dörr besonders wohlgefühlt, erfahre ich. Oktober 1933, ein handgeschriebener Brief an seine Eltern, Hinweise über den Ablauf der Priesterweihe. Extra nach Italien sind sie dafür gereist, der fränkische Bäckermeister und seine Frau. Sie müssen sehr stolz gewesen sein. Die Mentoren ihres Sohnes prophezeiten dem jungen Wissenschaftler eine große Zukunft. Doktor der Philosophie ist er schon, nun will er auch noch in Theologie promovieren.

Stolz? Ob der Vater zu solchen Gefühlen fähig gewesen ist? Im Oktober 1933? Da hatte man ihn, den verdienten Bürgermeister, nach der Machtergreifung Hitlers bereits aus dem Amt gedrängt. Stolz? Vom Balkon des Wolframs-Eschenbacher Rathauses wehte nun, wie überall im Reich, die Hakenkreuzfahne. Die Nazis taten alles, um seine Bäckerei schlechtzureden, kauften nur noch bei der Konkurrenz ihre Semmeln. Die Gedanken des Vaters sind während der festlichen, römischen Zeremonie sicher ständig in die Heimat gewandert. Voll Sorge, voll Zorn. Ob er seinem Sohn nicht geraten hat, im Vatikan zu bleiben, bis der Spuk in Deutschland vorbei war?

Eine kleine Stadtansicht, ein Ölgemälde. Ich erkenne das Stadttor von Wolframs-Eschenbach, die Stelle, an der mir die Faschingsbiene aufgelauert hat. Durch das Tor sieht man die sauberen Häuserfassaden der Hauptstraße. Über der sonntäglich-friedlichen Ansicht türmen sich weiße Wolken vor einem tiefblauen Sommerhimmel. Eine Idylle, das Werk eines gemütvollen Heimatmalers. Friedrich Dörr hatte es in Rom stets in seiner Stube hängen, direkt über seinem Schreibtisch. Die Heimat muss ihm viel bedeutet haben.

1935 kehr Friedrich Dörr zurück in seine fränkische Heimatdiözese. Erkertshofen, Fünfstetten, Wemding, Dietfurt an der Altmühl, St. Walburg lauten die Stationen des jungen Seelsorgers. Schließlich wird er Priester im Dom zu Eichstätt. Eine leuchtende Zukunft liegt vor ihm. Intelligent, fundiert ausgebildet als Philosoph und Theologe. Bald schon wird er an der Hochschule Karriere machen. Aber dann bricht der Krieg aus.

Ich setze mich auf einen wackligen Stuhl nieder, ziehe ein mitgebrachtes Buch aus dem Rucksack und blättere darin. „Mensch, was wollt ihr denen sagen?", lautet der seltsame Titel. Ein Buch über die katholische Feldseelsorge im Zweiten Weltkrieg. Kein wissenschaftliches Werk, sondern ein persönliches. Erinnerungen vieler junger Geistlicher, fast fünfzig Jahre nach dem Krieg niedergeschrieben. Einer von ihnen ist Friedrich Dörr.

Theologen müssen nicht mit der Waffe dienen. Und so wird Friedrich Dörr nach München gerufen und zum Sanitätssoldaten ausgebildet. Danach ist der Frankreichfeldzug schon beendet. Was nun? Man hat keine richtige Verwendung für den jungen Geistlichen, lässt ihn in der Schreibstube des Offiziersreferats der Münchner Kaserne Dienst tun. Bis sein Chef den Kopf schüttelt: „Stellen Sie doch einen Antrag! Werden Sie lieber Kriegspfarrer!"

Dann kommt die wunderbare Nachricht: Dörr darf heim nach Eichstätt! Ein guter Mensch vom Wehrbezirkskommando Ingolstadt hat das veranlasst. Auch in der Heimat würden Pfarrer benötigt. Friedrich Dörr ist überglücklich. Er wird aus der Wehrmacht entlassen.

Doch mit dem Frankreichfeldzug ist der Krieg nicht beendet.

Das war erst der Anfang. Nun geht es gegen Russland – und wieder braucht man Soldaten, Sanitäter, den ganzen Apparat. Auch Friedrich Dörr erhält den Einberufungsbefehl. Er erschrickt, will nicht in den Krieg, möchte in der Heimat bleiben. Sein Bischof muss ihm helfen, muss ihn als unabkömmlich einstufen. Er könnte ihn zum Rektor der Frauenbergkapelle ernennen oder besser gleich zum Professor an der Hochschule. Hat er nicht seine wissenschaftliche Eignung bewiesen? Dörr läuft hinüber zu dem stattlichen Eichstätter Barockgebäude, in dem der Bischof wohnt, trägt ihm hastig seine Bitte vor. Doch der Bischof schüttelt den Kopf. Er ist kein Mann rascher Entscheidungen. So wird Friedrich Dörr erneut eingezogen. Man teilt ihn als Kriegspfarrer der Sanitätskompanie 212 zu.

Kriegspfarrer. Eine eigentümliche Berufsbezeichnung. Friedrich Dörr ist sich seiner Rolle nicht sicher. Natürlich, er soll den Verletzten beistehen, soll Trost spenden, verwundete Seelen wieder aufrichten. Aber dient er damit nicht Hitler und seinem Regime? Wird er nicht zum nützlichen Rädchen im Nazigetriebe? Verrät er dadurch nicht seinen eigenen Standpunkt, seine christliche Überzeugung? Und die Ideen seines Vaters?

Friedrich Dörr verdrängt diese Gedanken. Er ist nicht zum Helden geboren. Was hilft das Grübeln? Das bringt doch nicht weiter. Wie heißt noch der alte Grundsatz? Der einfache Soldat hat nicht zu fragen, ob es ein gerechter oder ein ungerechter Krieg ist. Daran hält sich der junge Kriegspfarrer.

1941, kurz vor Weihnachten. Nervös läuft Friedrich Dörr zur Feldpoststelle. Wieder ist nichts für ihn dabei. Sein Bistum scheint ihn völlig vergessen zu haben. Nicht mal ein Brief, eine einfache Karte. Geschweige denn ein Paket mit ein paar Kleinigkeiten, mit den Dingen, die man für eine Heilige Messe braucht. Hier in Russland herrscht unglaublicher Mangel. Wie sollen sie würdevoll die Christnacht begehen? Am 24. Dezember dann die Erleichterung. Wenigstens auf seine Schwester kann er sich verlassen! Sie hat ihm in München, wo sie als Schulschwester arbeitet, eine Messtasche zusammengestellt. Als Dörr das Paket öffnet, purzeln ihm die Korken des Messweins entgegen. Die Kälte hat den Wein gefrieren lassen. Doch als sie den Wein im Zelt neben den Holzofen stellen und vorsichtig auftauen, merken sie, dass er keinen Schaden genommen hat. So können sie die Heilige Messe feiern. In Russland, im Krieg.

Er ist nie selbst im Schützengraben gewesen. Immer hat er sich im Lazarett aufgehalten. Die Verletzten waren froh, wenn der Pfarrer kam. Zu ihm hatten sie Vertrauen, ihm konnten sie Dinge sagen, die sie sonst den Kopf gekostet hätten. Manch einer wollte nicht wieder hinaus an die Front. Nie wieder! Zu schrecklich war das Erlebte. Hier im Lazarett war man geschützt, wurde man gepflegt und umsorgt, da flogen einem keine Granatsplitter um die Ohren. Nein, bloß nicht zurück in das Grauen!

Einmal hört man den Knall einer Pistole. Ein von einer leichten Verletzung genesener Soldat, den die Ärzte wieder für tauglich befunden haben, hat sich in den Kopf geschossen. Ein anderer junger Soldat fragt Pfarrer Dörr mit panischen Augen, ob er ihn nicht im katholischen Glauben unterrichten könne? – Das dauere Wochen und Monate? Wunderbar, ja, er wolle gerne konvertieren! Der Herr Pfarrer solle sich doch bitte bei seinem Kompaniechef für ihn verwenden. – Der Kompaniechef bewilligt drei Tage. Damit müsse man in Kriegszeiten zurechtkommen. Später erfährt Friedrich Dörr, dass der junge Mann die Nerven verloren hat.

Was für ihn das Schlimmste gewesen ist? Die Erschießungen! In den frühen Morgenstunden wird Friedrich Dörr zu einem jungen Mann gerufen, einem Theologiestudenten aus dem Sudetenland. Das Kriegsgericht hat den Studenten zum Tode verurteilt, weil er versucht hat, zu desertieren. Zwei Stunden bleiben bis zur Hinrichtung.

Was sagt man in einem solchen Moment? Wie spendet man

Trost? Zum Glück gibt es die biblischen Texte, die man vorlesen kann, die kirchlichen Rituale. Dahinter kann man sich verstecken, kann die persönliche Betroffenheit verbergen. Pfarrer Dörr reicht dem Jungen die Kommunion, betet mit ihm das Glaubensbekenntnis. Der junge Student gibt ihm einen Zettel mit einer Adresse, bittet Dörr, seiner Mutter zu schreiben. Er selbst bringe das nicht fertig, sagt er unter Tränen. Pfarrer Dörr verspricht es ihm.

Als die Sonne aufgeht, führt man den Verurteilten ab, fesselt ihn an einen Baum, bindet ihm ein Tuch vor die Augen. Ein letztes gemeinsames Gebet.

„Auf Wiedersehen", sagt der Pfarrer.

„Auf Wiedersehen im Jenseits", flüstert der Student.

Dann legt das Erschießungskommando an und die Schüsse peitschen durch den Morgen.

Einen Brief schreiben. Keine schwere Aufgabe für jemanden, der mit großer Leichtigkeit mit der Sprache zu spielen weiß. Eine Routineaufgabe, nicht mehr. Und doch braucht Pfarrer Dörr lange dafür, schrecklich lange, schiebt sein Versprechen vor sich her. Was soll er denn schreiben? Was schreibt man einer Mutter, die ihren Sohn verloren hat? Erschossen von den Kugeln der Kameraden. Weil er den Krieg, diesen verrückten Krieg, nicht länger mitmachen wollte. Weil er nur noch einen Wunsch hatte, nach Hause zu laufen, heim zu den Eltern. Wie gern hätte Dörr diesen Brief vergessen — und doch kommt er der Aufgabe nach. Weil er es versprochen hat, weil es seine Pflicht ist.

Drei Monate vergehen. Dann kommt die Antwort der Mutter: „Immer wieder habe ich angesetzt, Ihnen zu schreiben und Ihnen zu danken für Ihren Brief. Aber ich konnte nicht, weil mir die Hände gezittert haben."

Ein Kühlschrank steht im Offizierskorps von Kopenhagen, wohin man Pfarrer Dörr in den letzten Kriegsjahren geschickt hat. Am

Abend öffnet der Pfarrer die Kühlschranktür, sieht sich rasch um und zieht dann ein Buch hervor. „Geniale Menschen", heißt das kalte Buch, geschrieben von Ernst Kretschmer, einem Psychiater aus Tübingen. Ein verbotenes Buch. Kretschmer schreibt, dass nur die Durchmischung der Rassen die wahren Genies hervorbringe und die Ideologie vom arischen Menschen eine wissenschaftliche Torheit sei. Lauter Angriffe auf Hitler. Der erste Satz des Psychiaters lautet: „Psychopathen hat es immer gegeben. In kühlen Zeiten begutachten wir sie, in heißen Zeiten beherrschen sie uns." Als Pfarrer Dörr das Buch in den Kühlschrank zurücklegt, ist es ganz warm geworden.

Ich stehe auf und gehe weiter zur nächsten Vitrine. Dort liegt das Eiserne Kreuz. Für Friedrich Dörrs Verdienste an der Ostfront. Über dem Eisernen Kreuz ein kleines, unscheinbares Stück Stoff. Feldgrau, weiß umstickt. Nicht größer als ein Centstück. Das Mützenkreuz. Dörr hat es abgetrennt und aufbewahrt. Warum? Als schmerzliche Erinnerung? Als ein Zeichen, dass Gott ihm auch in jenen finstren Jahren nahe war? Als Dank, dass er den Schrecken überlebt hat?

Plötzlich nähern sich Schritte. Ein junger Mann in Radlerkluft tritt zu mir in das Ausstellungszimmer, hält kurz inne, schaut sich suchend um und geht dann mit schnellen Schritten zurück und die Treppe hinauf. In den oberen Räumlichkeiten befindet sich die Ausstellung über Wolfram, den Minnesänger, den größten Sohn der Stadt. Er musste für ein paar Wochen zusammenrücken, etwas Platz abgeben für Friedrich Dörr.

Aufgeschlagene Gesangbücher. Die ganze nächste Vitrine ist damit angefüllt. Wie Schmetterlinge, die die Flügel zur Sonne geöffnet haben. Friedrich Dörrs Lieder:

„Das ist der Tag, den Gott gemacht, der Freud in alle Welt gebracht" (GL 220), „Was uns die Erde Gutes spendet, was unsrer Hände Fleiß vollbracht" (GL 490), „Maria, dich lieben ist allzeit mein Sinn; dir wurde die Fülle der Gnaden verliehn" (GL 594),

„Gott ruft sein Volk zusammen rings auf dem Erdenrund"
(GL 640). Nicht nur die aufgeschlagenen Dünndruckseiten ver-
schiedenster Ausgaben des Gotteslobs laden zum Betrachten ein.
Auch ein durch Umfang und seine zarte Farbgestaltung auffal-
lendes Evangelisches Gesangbuch liegt dort aus: „Kündet allen
in der Not, fasset Mut und habt Vertrauen" (EG 540, GL 106).

Was ist das Besondere an Friedrich Dörrs Liedern? Warum
hat er es verdient, dass man ihn in dieser Weise würdigt? Was
macht seine Sprache aus, das Typische an seinem Stil? Vielleicht ist es seine wohltuende Nüchternheit, das Vermeiden von
hochtrabenden Vergleichen, von überladenen Bildern. Einfach
und schlicht, so könnte man seine Lieder nennen. Volksnah.
Und dennoch oder vielleicht gerade aus diesem Grunde entfalten sie eine besondere, eindrückliche Wirkung. Ihre Botschaft
ist tröstlich, auf Vergebung bedacht. Sie zeigen Gott als gütigen,
verständnisvollen Vater, der seine Gnade nicht an Bedingungen
knüpft, der nicht engherzig zwischen seinen Geschöpfen unterscheidet.

„Allen Menschen wird zuteil Gottes Heil", lautet der Refrain
seines Adventslieds „Kündet allen in der Not". – Allen Menschen? Hat sich Dörr da nicht in der Wortwahl vergriffen? Muss
es nicht heißen: allen Christen? Oder zumindest: allen Gläubigen? Friedrich Dörr macht diese Einschränkungen nicht – und
er scheint sie bewusst nicht gemacht zu haben. Weil auch sein
Gott sie nicht machen würde.

Nach dem Krieg wird Friedrich Dörr von der Universität von
Eichstätt (der einzigen katholischen Universität in Deutschland)
zum Professor für Systematische Philosophie und Pädagogik ernannt. Die neue Aufgabe fordert ihn, und doch vergisst er nicht,
was er im Krieg erleben musste. Seine jungen Studenten fragen
ihn gelegentlich danach. Professor Dörr antwortet dann bereit-
willig. Nur wenn sie nach den Waffensegnungen fragen, wird er

böse. Das habe er nie gemacht, niemals in all den Jahren! Nur Menschen habe er gesegnet, Waffen niemals!

Immer wieder muss er an die Schrecken in den Lazaretten denken, an die vielen zurückgelassenen Toten. Manche Angehörige hatten ihm Heimaterde für das Grab des gefallenen Sohnes geschickt. Wie oft hatte er hilflos mit der Erde dagestanden, sie erreichte ihn oft viel zu spät! Mit Schaudern erinnert sich Dörr, wie viele Soldaten man nur schnell und hastig verscharren konnte, notdürftig in Zeltplanen gewickelt. Meist hatte die Zeit gefehlt, die Gräber zu kartieren, um sie später wieder auffinden zu können. Dabei wäre ein Erinnern so notwendig.

Friedrich Dörr engagiert sich bei der Deutschen Kriegsgräberfürsorge. Ihre Aufgabe ist die Pflege der unzähligen Gräber überall in Europa und auch das Auffinden der Vermissten. Nicht etwa, um ein falsches Heldentum zu pflegen oder um den Hass der Völker zu verlängern. Im Gegenteil. Um durch gelebte Erinnerung nie zu vergessen, wohin nationalistischer Irrsinn führen kann. Um den Toten ihren Namen zurückzugeben, den namenlosen Opfern ein Gesicht zu verleihen. Und um den Angehörigen einen Ort des Trauerns und des Gedenkens zu schaffen, damit sie Abschied nehmen können. So wie die Mutter des erschossenen Theologiestudenten, den Friedrich Dörr zur Hinrichtung begleiten musste.

1964 wird Dörr zum Rektor der Philosophisch-Theologischen Hochschule in Eichstätt ernannt. Und noch eine weitere Aufgabe erwartet ihn: Von 1966 bis 1975 arbeitet er in der Liedkommission des Gotteslobes mit. Zusammen mit Maria Luise Thurmair-Mumelter. Viele seiner Lieder und Hymnen sind in dieser Zeit entstanden. Voller Eifer stellt er sich in den Dienst der Liturgiereform. Die Haltung von Papst Johannes XXIII. bewundert er, weil er weiß: Die Kirche muss sich erneuern, um die Gläubigen zu erreichen.

Das gutmütige, breite Gesicht des Reformpapstes lächelt

mich in der letzten Vitrine an. An seiner Biografie hat Friedrich
Dörr mitgearbeitet. Es war ihm eine Herzensangelegenheit. Die
Beschlüsse des Zweiten Vatikanischen Konzils sind für Dörr Ver-
pflichtung. Ein letzter Zeitungsausschnitt zeigt ihn bei einem
späten Klassentreffen in seiner Heimatstadt. Als er im Mai 1993
in Eichstätt stirbt und beigesetzt wird, ist die Trauer groß.

Ich verlasse das Museum und gerate in ein buntes Getümmel.
Unter lautem Jubelgeschrei schiebt sich der Faschingswurm
durch die fachwerkgesäumte Hauptstraße. Kurz vor dem Stadttor
sehe ich rechter Hand eine Bäckerei, ein stattliches Gebäude,
das an diesem Festtag geöffnet hat: die Bäckerei Dörr. Ich löse
mich aus der Menge und trete ein. Vor mir warten vier hungrige
Indianer. Eine Urkunde an der Wand empfiehlt das ausgezeich-
nete Buttermilchbrot. Die Bildzeitung auf dem Tresen zeigt das
Foto eines Bischofs der Piusbruderschaft. Von der Schlagzeile ist
nur der obere Teil zu lesen: „Die Gaskammern …"
     Die Indianer ziehen mit ihren Krapfen von dannen. Von dem
mit einer Urkunde ausgezeichneten Buttermilchbrot ist sonntags
leider nichts zu haben, erfahre ich von der jungen Verkäuferin,
und so kaufe ich ebenfalls einen Faschingskrapfen.
     Hier also hat der kleine Friedrich seine Kindheit verbracht.
Hier ist er aufgewachsen, hier wird er mit angepackt haben,
schon in den frühen Morgenstunden. Der warme Geruch fri-
scher Backwaren wird ihm immer in Erinnerung geblieben
sein.
     „Was uns die Erde Gutes spendet, was unsrer Hände Fleiß
vollbracht …" Diese von ihm stammenden Liedzeilen hatten
für Friedrich Dörr einen ganz konkreten Sinn. Die Bäckerei ist
nach wie vor im Familienbesitz. Ob das junge Mädchen, das mir
die Krapfen verkauft, auch dazugehört?
     Ich trete hinaus auf die Straße, nicke der Kontrollbiene zu
und schiebe mich durch das Stadttor. Der Krapfen schmeckt

köstlich. Als ich im Auto sitze und mir das Hagebuttenmark aus den Mundwinkeln wische, sehe ich im Rückspiegel die kleine, befestigte Stadt inmitten der verschneiten Felder liegen. Wolframs Eschenbach? Friedrichs Eschenbach! Die letzte Strophe seines Gabenliedes geht mir durch den Sinn:

Wie Wein und Wasser sich verbinden,
so gehen wir in Christus ein,
wir werden die Vollendung finden
und seiner Gottheit teilhaft sein.

Lieder aus Taizé

OSTERN AM MEER. STÜRMISCH fegt der Wind über die abendliche See, treibt uns, als wir den Dünenweg ersteigen, die Sandkörner hart ins Gesicht, sodass wir unwillkürlich die Köpfe beugen und nur noch zu blinzeln wagen. Landeinwärts, hinter dem weißen Dünenwall, dort, wo die Sandhügel grüner werden, lässt der Wind nach und bald sehen wir die Inselkirche vor uns liegen. Mitten auf eine Düne hat man sie gebaut, ein steil in den friesischen Himmel hinaufragendes Zelt, nicht ganz symmetrisch, wie vom ewigen Westwind gebeugt. Die sinkende Sonne lässt das braunrote Blech noch einmal aufleuchten.

Aus allen Himmelsrichtungen sehen wir Wanderer den Hügel erklimmen, warm eingepackt in bunte Windjacken. Schließlich erreichen auch wir die Kirche und treten ein. Ein freundlicher Raum empfängt uns, die Bänke bilden einen Kreis, in den auch der Altar einbezogen ist. Lampen brennen keine, stattdessen zünden zwei Mädchen Teelichter an, die überall auf den Bänken und am Boden stehen. Die Gottesdienstbesucher helfen mit und bald flackern Hunderte von Lichtern und tauchen den Kirchenraum in ihren warmen Schein. Liederzettel liegen an den Plätzen aus, Lieder aus Taizé.

Ein Pfarrer begrüßt die Besucher. Dann nimmt er seine Gitarre zur Hand und beginnt mit uns zu singen. Es ist eine Nacht der Lichter und der Lieder. Lieder, die einen ganz eigenen Sog entfalten, die in ihrer Schlichtheit, in ihrer eingängigen Harmonie die Seele erheben und wildfremde Menschen in kürzester Zeit zu einer Gemeinschaft verbinden. Einstrophige Lieder zumeist, oft mehrstimmig und kanonisch, ruhige Gesänge mit starker Wirkung.

„Laudate omnes gentes" singen wir, das auch im Evangelischen Gesangbuch aufgenommen ist (EG 181.6 und 694). Der Text ist dem Psalm 117 entliehen, von Jacques Berthier stammen Satz und Melodie. Auf den Franzosen gehen auch viele andere Taizé-Lieder zurück (EG 178.12 und 695).

Jacques Berthier (1923–1994) war Organist in Paris. Gemeinsam mit Frère Robert Giscard, einem Arzt, der als junger Medizinstudent 1948 nach Taizé kam, schuf er die typischen Taizé-Gesänge, zu denen auch „Ubi caritas" gehört, das wir als Nächstes anstimmen. Auch der Text dieses Liedes ist kurz, besteht nur aus zwei lateinischen Zeilen: „Ubi caritas et amor, ubi caritas, Deus ibi est." Auf Deutsch: „Wo die Liebe wohnt und Güte, wo die Liebe wohnt, da ist unser Gott" (EG 651).

Das Geheimnis der Taizé-Gesänge scheint gerade darin zu liegen: keine langen Texte, nur wenige Worte, diese aber durch ständige Wiederholung meditativ zu verinnerlichen.

Noch viele andere Lieder singen wir an diesem österlichen Abend in der modernen Inselkirche von Spiekeroog. Lauter Lieder aus Taizé, jenem kleinen Ort in Burgund, wo Frère Roger, der 2005 verstarb, seine ökumenische Gemeinschaft gegründet hat. Eine Gemeinschaft, die seitdem zum Ziel so vieler nicht nur junger Glaubenssuchender geworden ist. Ein Ort der Begegnung und des Miteinanders, ein Ort abseits der alltäglichen Routine der Heimatgemeinden. Ein Ort, wo viele neue Kontakte geknüpft, viele neue Gedanken gedacht werden, ein Ort, wo so viel Aufbruch möglich scheint. Und wo so viele neue Lieder entstanden.

Das wiederum ist sicher kein Zufall, denn Lieder dieser Art können nur dort entstehen, wo Gemeinschaft intensiv gelebt wird, wo man sich öffnet und den anderen achtet, wo man bereit ist, sich selbst in den Dienst einer größeren Sache zu stellen.

Als wir spät durch die Dünen nach Hause gehen, hat der Wind sich gelegt und über der Insel spannt sich ein funkelnder Sternenhimmel. Unwillkürlich summen wir noch das eine oder andere Lied vor uns hin. Der Zauber wirkt weiter.

Edith Stein

JERUSALEM, EINE SPÄRLICH erleuchtete Halle, auf dem Boden ein weites Mosaik. Namen sind dort zu lesen, Städtenamen: zweiundzwanzig Konzentrationslager. Auschwitz, Bergen-Belsen, Dachau … Eine ewige Flamme wirft ihr flackerndes Licht auf eine Urne mit der Asche der Märtyrer. Daneben eine Inschrift: „Das Geheimnis der Erlösung ist die Erinnerung."

Breslau, 12. Oktober 1891. Im Haus des Holzhändlers Stein feiert man gerade das Versöhnungsfest, das höchste Fest im jüdischen Jahreskreis, als bei der Mutter die Wehen einsetzen. Nicht lange, dann ist das Kind, das elfte der Familie, geboren. Eine Tochter. So zart ist sie, so zerbrechlich. Wird sie überleben? Schon vier Geschwister sind früh gestorben. Die Mutter nimmt die Kleine auf den Arm, Edith soll sie heißen.

Als Edith noch keine zwei Jahre alt ist, stirbt der Vater. Die Mutter muss nun alleine zurechtkommen und die Familie ernähren. Mit großer Energie führt sie die Geschäfte weiter, rettet das Handelsunternehmen vor dem Konkurs. Allerdings fehlt ihr die Zeit für die Kleinen. Die älteren Kinder müssen ihr bei der Erziehung helfen.

Else, die vernünftige große Schwester, soll sich um die kleine Edith kümmern. Aber Edith ist kein einfaches Kind. Wild ist sie, voller Einfälle und Ideen. Und einen ausgeprägten Willen besitzt sie jetzt schon. Hat sie sich etwas in den Kopf gesetzt, dann bleibt sie dabei, wirft sich auf den Boden und macht sich stocksteif. Was soll Else tun? Sie nimmt das schreiende Schwesterchen und sperrt es in ihre Kammer. Doch da brüllt Edith erst recht. Schließlich kommt die Mutter gelaufen und befreit sie wieder. Was sollen denn die Nachbarn denken?

Als eine Schwester in die Schule kommt, stellt sich Edith

vor die Mutter: „Ich will auch zur Schule gehen!" Die Mutter seufzt, sie ist doch noch zu jung. Aber Edith setzt sich durch und der Erfolg gibt ihr recht: Schnell ist sie die beste Schülerin ihrer Klasse. Das Lernen fällt ihr leicht, begeistert beteiligt sie sich am Unterricht. Stets ist ihr Zeigefinger oben. Jedes neue Schulbuch ist am nächsten Tag schon durchgelesen.

Als das Mädchen zehn Jahre alt ist, stirbt der geliebte Onkel. Geschäftliche Schwierigkeiten haben ihn in den Tod getrieben. Edith geht zur Trauerfeier. Trotz ihrer Tränen hört sie aufmerksam zu, was der Rabbiner sagt. In einer langen Rede lässt er das Leben des Verstorbenen Revue passieren, hebt hervor, was dieser alles Gutes getan hat. Wieder fließen viele Tränen. Edith aber fragt sich, was von ihrem Onkel bleibt.

Der Rabbiner betet: „Und wenn der Leib zu Staub zerfällt, so kehrt der Geist zu Gott zurück, der ihn gegeben hat!"

Edith reicht das nicht. Sie vermisst etwas, glaubt nicht, dass das alles gewesen sein soll. Wo ist ihr Onkel jetzt, wenn er nicht mehr bei ihnen sein kann? Fragend geht sie nach Hause, sie kann noch keine Antwort finden.

Im Jahr 1904, Edith ist gerade dreizehn Jahre alt geworden, beginnt die Schule sie plötzlich zu langweilen. Sie fühlt sich nicht ausgefüllt, möchte etwas Neues erleben. So fährt sie zu ihrer Schwester Else nach Hamburg und bleibt dort fast ein Jahr. Else ist verheiratet und hat Kinder, da kann Edith sich im Haushalt nützlich machen. Die Familie der Schwester pflegt die religiösen Bräuche nicht mehr, und auch Edith beschließt, mit dem Beten aufzuhören. Sie glaubt nicht mehr an einen Gott, bezeichnet sich als Atheistin. Neben der Hausarbeit liest sie viel.

Elses Mann ist Hautarzt an der Hamburger Universitätsklinik. Neugierig wie sie ist, stöbert Edith in seinen Lehrbüchern herum. Viele Fotos sind dort zu sehen, scheußliche Fotos. Fotos von zerfressenen Geschlechtsorganen, verstümmelte, entstellte

Männer und Frauen. Die Diagnosen stehen unter den Fotos: Tripper und Syphilis. Hastig klappt Edith die Bücher zu, traut sich nicht, über das Gesehene zu sprechen. Sexualität und Krankheit – beides gehört offenbar zusammen.

Als sie wieder in Breslau ist, geht Edith weiter zur Schule. Zum Kummer ihrer Mutter findet sie jedoch nicht zum Glauben zurück. 1911 beginnt sie in ihrer Heimatstadt das Psychologiestudium, wechselt dann vier Semester später nach Göttingen. Die Psychologie befriedigt sie nicht, gibt ihr nicht die Antworten auf ihre Fragen. Sie wechselt zur Philosophie, geht zu dem bekanntesten Philosophen ihrer Zeit, Edmund Husserl, dem Begründer der Phänomenologie. Nicht, wie wir die Welt sehen, interessiert ihn, sondern das, was unabhängig von unserer Wahrnehmung existiert.

Husserl ist erstaunt über die zierliche junge Studentin, die bei ihm promovieren möchte: „Ja, sind Sie denn schon so weit?" Doch Edith Stein lässt sich nicht beirren, sie schlägt ihm ein Thema vor. In seinem Kolleg über Natur und Geist hatte Husserl davon gesprochen, dass eine objektive Außenwelt nur intersubjektiv erfahren werden kann. Demnach sei eine Erfahrung von anderen Individuen vorausgesetzt. Einfühlung, so nennt er diese Erfahrung. Husserl hatte sich aber nicht darüber ausgesprochen, worin diese Einfühlung besteht. Das soll ihr Thema werden, schlägt sie vor.

Husserl nickt. Die Ernsthaftigkeit seiner jungen Studentin überzeugt ihn, er ist einverstanden. Mit Husserls Privatdozenten Adolf Reinach bespricht sie ihre Arbeit. Reinach ist ein besonderer Mensch, mit welcher Herzensgüte er ihr begegnet!

1914 bricht der Weltkrieg aus. Viele Kommilitonen gehen an die Front. Edith fühlt die Verantwortung zu helfen und meldet sich freiwillig. Man schickt sie in ein Seuchenlazarett nach Mähren. Der Arzt möchte von ihr wissen, warum sie nicht weiter studiert.

„Meine Studienkameraden sind an der Front. Warum soll ich es besser haben?", ist ihre Antwort.

Als Adolf Reinach in Flandern fällt, ist Edith am Boden zerstört. Husserl beauftragt sie, Reinachs wissenschaftlichen Nachlass zu ordnen. Bedrückt klingelt sie bei Reinachs Frau. Wie soll sie der Witwe begegnen, mit welchen Worten Trost spenden? Doch es kommt anders. Edith ist es, die von der jungen Witwe getröstet wird! Edith staunt. Woher nimmt sie diese Kraft? Frau Reinach ist Christin, aus ihrem Glauben schöpft sie ihre Zuversicht. Kann der Glaube den Menschen so stark machen? Daheim nimmt Edith Stein ein Evangelium zur Hand und beginnt zu lesen.

Nach dem Krieg zieht sie sich nach Breslau zurück, um sich auf ihre Habilitation vorzubereiten. Doch neben den wissenschaftlichen Themen tauchen plötzlich andere Fragen auf. Vor allem die Frage nach der Wahrheit dessen, was da im Neuen Testament zu lesen ist. Daheim hat sie keinen, mit dem sie darüber reden könnte.

Die junge Frau gerät in eine tiefe Lebenskrise, fühlt sich einsamer als je zuvor. Sie sucht einen Weg, *ihren* Weg, sucht jemanden, der ihr diesen Weg zeigen kann. Da fällt ihr zufällig die Autobiografie einer besonderen Frau in die Hände. Atemlos liest sie das Buch in einem Zug. Es sind die Lebenserinnerungen der Teresa von Avila. In deren Leben erkennt sie ihr eigenes Ringen, Fallen und Aufstehen. Jetzt weiß sie, welchen Weg sie gehen muss. Sie begreift, dass Gott, an dessen Existenz sie nicht mehr glauben konnte, von ihr eine Antwort erwartet. Am 1. Januar 1922 empfängt Edith Stein die Taufe und wählt den Taufnamen Teresia.

Husserl ist inzwischen nach Freiburg gegangen, und hier setzt Edith Stein ihre Arbeit fort. Er kann ihr nur hundert Mark als Entlohnung geben, aber sie macht fast einen Luftsprung, als er ihr anbietet, sie als seine Assistentin zu beschäftigen. Sie hält die Einführungsseminare für Studenten, sichtet und korrigiert seine Notizen. Manchmal kommt es vor, dass sie sich in einen der jungen Männer verliebt, ihn sich heimlich als künftigen Lebensgefährten erträumt. 1925 beginnt sie, Thomas von Aquin zu übersetzen. Von ihm lernt sie, dass man als Christ immer auch mitten in der Welt steht, dass Christsein bedeutet, sich zu engagieren.

Edith Stein sieht die Missstände der Zeit, vor allem die Benachteiligung der Frauen, und geht auf Vortragsreisen: „Es gibt keinen Beruf, der nicht auch von einer Frau ausgeübt werden könnte!" Die Zuhörerinnen klatschen erst vorsichtig, dann immer begeisterter. Ihr Mut gefällt ihnen, erfüllt auch sie mit Zuversicht. Aber geht sie nicht ein bisschen zu weit? Was ist mit dem Priesteramt in der katholischen Kirche? Auch hierzu hat Edith eine Meinung: „Warum denn nicht? Dogmatisch scheint mir nichts im Wege zu stehen, was der Kirche verbieten könnte, eine solche bislang unerhörte Neuerung durchzuführen!"

Von Husserl, ihrem Meister, wie sie ihn stets mit heiterem Respekt zu nennen pflegt, beginnt sie sich innerlich zu lösen. Seine Wende zum Idealismus kann sie nicht mitvollziehen. Auch drängt es sie nach eigenständiger Tätigkeit. Sie findet eine Stelle in Speyer und bildet dort angehende Lehrerinnen aus. 1932 folgt ein Ruf nach Münster an das Deutsche Institut für wissenschaftliche Pädagogik. Die Arbeit macht ihr große Freude und ihre Studentinnen lieben sie.

Doch dann wird alles anders. Nach der Machtergreifung durch die Nationalsozialisten im März 1933 kommen schlimme Nachrichten von ihren Verwandten. Menschen jüdischen Glaubens verlieren ihre Arbeit, man ächtet und beschimpft sie, will sie aus dem Lande jagen. Auch Edith Stein ist den Nazis ein Dorn im Auge, sie wollen sie aus ihrer Anstellung entfernen.

Was bilden sich diese Menschen eigentlich ein? Was haben die Juden ihnen getan? Edith Stein kann da nicht zuschauen.

Sie reist zum Kloster Beuron zu ihrem seelsorgerischen Freund, dem Erzabt Walzer. Man muss der Judenverfolgung Einhalt gebieten. Wenn der Papst wüsste, was hier in Deutschland passiert! Ja, der Heilige Vater in Rom, der hat doch Macht und Einfluss!

Sie setzt sich hin und schreibt einen Brief, schildert das Unerhörte, bittet um eine Privataudienz. Doch der Papst hat keine Zeit. 1933 ist ein Heiliges Jahr, da ist er sehr beschäftigt. Edith Stein schreibt wieder, bittet dringend darum, eine Enzyklika zu verfassen, eine Enzyklika für das bedrohte jüdische Volk. Die Antwort aus Rom ist kurz: ein Segensgruß für sie und ihre Familie. Das ist alles.

Edith Stein zürnt nicht, als sie ihr Lehramt verliert. Ein anderer Wunsch ist schon lange in ihr gewachsen, nun ist es an der Zeit, ihn zu erfüllen. Edith Stein fährt nach Köln und bittet um Aufnahme in das Kloster der Karmelitinnen.

Edith Stein findet ihre Heimat. Zum ersten Mal in ihrem Leben fühlt sie sich zu Hause. In die klösterliche Gemeinschaft mit ihren vielen Regeln und Geboten fügt sie sich ein, ohne zu murren. Das ritualisierte Leben gibt ihr Halt und Sicherheit. Doch auch im Kloster ist sie nicht „aus der Welt". In vielen Briefen nimmt sie Anteil am Schicksal ihrer Familie, gibt vielen Suchenden Rat und Hilfe.

Auf den Wunsch ihrer Priorin nimmt sie ihre Habilitationsschrift wieder zur Hand, um sie fertig zu stellen. „Endliches und ewiges Sein", so soll der Titel lauten. Nicht länger mehr ist sie reine Phänomenologin, sie hat sich weiterentwickelt. Ausgehend von Thomas von Aquin geht sie noch über die Scholastik hinaus und eine mystische Ideenwelt tritt leuchtend hervor. Husserl, der ihr bis zu seinem Tode verbunden blieb, wundert sich: „Merkwürdig, sie schaut von einem Berge die Klarheit und Weite des Horizonts, erblickt seine wunderbare Durchsichtigkeit. Gleichzeitig aber hat sie die andere Kehr, die Kehr nach innen und die Perspektive ihres Ichs!"

Doch nicht nur wissenschaftliche Werke schreibt Edith Stein. Der ihr eigene Sinn für Poesie, verknüpft mit ihrer tiefen Gläubigkeit, führt fast zwangsläufig dazu, dass sie auch Lieder schreibt, Kirchenlieder. Wie viele andere vor ihr orientiert sie sich dabei oft an den Psalmen. So entsteht 1936 auch das Lied „Erhör', o Gott, mein Flehen" (GL 302), das Aufnahme in das Gotteslob gefunden hat und auf Psalm 61 beruht. Die erste Strophe lautet:

Erhör, o Gott, mein Flehen, hab auf mein Beten acht.
Du sahst von fern mich stehen, ich rief aus dunkler Nacht.
Auf eines Felsens Höhe erheb mich gnädiglich.
Auf dich ich hoffend sehe: Du lenkst und leitest mich.

9. November 1938. Flammen lodern auch in Köln. Die Synagogen in der Glockengasse und in der Roonstraße, auf der Mülheimer Freiheit und in der Körnerstraße in Ehrenfeld brennen lichterloh. Überall werden jüdische Geschäfte geplündert und zerstört. Die Nonnen beten im Kloster, Edith Stein ist in Gedanken bei ihrer Familie. Sie ahnt: Wo man Synagogen anzündet, da werden auch bald die Kirchen brennen.

Es wird immer gefährlicher hier in Deutschland, selbst im Kloster ist man nicht sicher. Der Orden überlegt. Wo kann Edith Stein in Sicherheit gebracht werden? Denn durch ihre jüdische Abstammung ist sie in größter Gefahr. Zum Glück gibt es ein Schwesterkloster, nicht weit entfernt in Holland. Ein Auto kommt, um sie abzuholen. Doch äußert sie noch einen Wunsch, bevor sie ihre geliebten Kölner Schwestern verlässt. Das Auto hält einige Straßen weiter wieder. Dort, in der ehemaligen Klosterkirche der Karmeliter in der Schnurgasse, befindet sich das Gnadenbild der Heiligen Gottesmutter. Edith Stein eilt hinein und kniet vor dem Bilde nieder. Als sie wieder in das Auto steigt, fühlt sie sich getröstet. Zwei Stunden später sind sie in Echt, wo

Edith Stein von ihren holländischen Mitschwestern herzlich empfangen wird.

Am 26. Juli 1942 empören sich die katholischen Bischöfe in Holland über die zunehmende grausame Verfolgung ihrer jüdischen Mitbürger. In allen Kirchen, von allen Kanzeln wird ihr Protestschreiben verlesen.

Der deutsche Reichskommissar tobt vor Wut. Was erlauben sich diese Kirchenmänner? Er wird ein Exempel statuieren lassen! Nun sollen auch alle bisher verschont gebliebenen getauften Juden in die Vernichtungslager!

Am 2. August 1942 hält ein Wagen der SS vor dem Kloster. Edith Stein soll sofort mitkommen! Sie versucht noch, ihre verängstigte Schwester Rosa, die gleichfalls hier untergekommen ist, zu trösten: „Komm, wir gehen für unser Volk!" Die Wagentüren knallen, man fährt sie in das Sammellager Amersfoort, dann ins Lager Westerbork. Die beiden treffen dort auf weinende Kinder, deren Eltern keine Kraft haben, sie zu trösten. Edith setzt sich zu ihnen und erzählt Geschichten. Die Kinder hören auf zu weinen.

Fünf Tage später, ein Bahnhof im Osten Deutschlands. Der Bahnhofsvorsteher lässt einen Zug einfahren, bei dem alle Fenster vergittert sind. Er muss hier kurz halten, um einen Militärtransporter vorbeifahren zu lassen. Als die überfüllten Waggons zum Stehen kommen, sieht er eine Frau hinter den Stäben, die ihn heranwinkt. Sie trägt das Gewand einer Nonne, die Kutte über dem Haar. Zögernd geht er zu ihr hin. Mit hastiger Stimme trägt sie ihm Grüße für ihre Familie auf, nennt eine Adresse. Da setzt sich der Zug schon wieder in Bewegung. Sein Zielbahnhof liegt in Polen. Auschwitz.

So schenke langes Leben
dem, der sich dir geweiht;
wollst Jahr um Jahr ihm geben,
ihn segnen allezeit.

Diese Bitte, die Edith Stein in einem ihrer Lieder ausgesprochen hat, ist nicht in Erfüllung gegangen. Kurz nach der Ankunft in Auschwitz wird sie ermordet

Köln, fünfundvierzig Jahre später. Die Domglocken läuten das Hochamt ein. Ein festlicher Zug zieht in die Kirche ein. Der Papst ist gekommen, um Edith Stein seligzusprechen: eine christliche Jüdin, eine jüdische Christin – eine unglaublich glaubhafte, gläubige Frau.

Laudato si

Es ist schwer zu entscheiden, welches unserer christlichen Lieder wohl das schönste ist, denn Schönheit ist ein sehr subjektiver Begriff, zumal im Bereich der Poesie und der Musik. Dennoch – wenn wir eine Umfrage machen würden, so wäre es nicht unwahrscheinlich, dass dieses Lied auf einem der vorderen Plätze landete, vielleicht sogar ganz oben auf dem Siegertreppchen. Es ist eines der ältesten Lieder, entstanden im hohen Mittelalter, im Jahr 1225: der Sonnengesang des Franz von Assisi. In einer besonders schönen Fassung singen wir ihn mit dem eingängigen Kehrvers „Laudato si, o mi signore" nach einer mündlich überlieferten Melodie (EG 515). So lautet der zugrunde liegende Text in deutscher Übersetzung:

Du höchster, allmächtiger, guter Herr,
dein sind der Lobpreis, die Herrlichkeit
und die Ehre und jegliche Benedeiung.
Dir allein, Höchster, gebühren sie,
und kein Mensch ist würdig, dich nur zu nennen.

Lob sei dir, du Herre mein,
mit allen deinen Geschöpfen,
zumal dem Bruder, der Sonne,
denn er ist der Tag,
und er spendet das Licht uns durch sich.
Und er ist schön und strahlend in großem Glanz.
Dein Sinnbild trägt er, du Höchster.

Lob sei dir, du Herre mein,
durch die Schwester, den Mond und die Sterne,
am Himmel hast du sie gebildet,
hell leuchtend und kostbar und schön.

Lob sei dir, du Herre mein,
durch Bruder Wind und durch Lüfte und Wolken
und den heiteren Himmel und jegliches Wetter,
durch welches du deinen Geschöpfen den Unterhalt gibst.

Lob sei dir, du Herre mein,
durch die Schwester, das Wasser:
gar nützlich ist sie
und demutsvoll und köstlich und keusch.

Lob sei dir, du Herre mein,
durch unsere Schwester, die Mutter Erde,
die uns ernähret und lenkt
und mannigfaltige Frucht trägt
und buntfarb'ne Blumen und Kräuter.

Lob sei dir, du Herre mein,
durch jene, die verzeihen durch deine Liebe
und Schwachheit ertragen und Drangsal.
Selig sind, die solches ertragen in Frieden,
denn sie werden von dir, du Höchster, gekrönt.

Lob sei dir, du Herre mein,
durch unseren Bruder, den leiblichen Tod;
ihm kann kein Mensch lebendig entrinnen.
Unheil wird jenen, die in Todsünden sterben.
Selig sind jene, die in deinem allheiligen Willen sich finden,
denn der zweite Tod tut ihnen kein Leid an.

Lobet und preiset den Herren mein
und erweiset ihm Dank
und dient ihm mit großer Demut.

Franziskus dichtete den Sonnengesang, als er – schwer von Krankheit gezeichnet und dem Tode nahe – in der Kirche von San Damiano unterhalb von Assisi von seiner Ordensschwester, der heiligen Klara, gepflegt wurde. Anders als seine theologischen Werke schrieb Franziskus das Lied nicht in Latein, sondern in Italienisch, der Sprache des Volkes, nieder.

Die Übersetzung ins Deutsche bereitet Schwierigkeiten. Im Italienischen stimmt nämlich (wie in anderen romanischen Sprachen) das grammatische Geschlecht häufig nicht mit dem uns vertrauten überein. So ist die Sonne im Italienischen männlich, Franziskus spricht von „lo frate sole", von Bruder Sonne. Der Mond („la luna") hingegen ist weiblich. Soll man nun sinngemäß oder wörtlich korrekt übersetzen? In beiden Fällen kann das Ergebnis nicht befriedigen. „Bruder Sonne" klingt für deutsche Ohren fremd, „Schwester Mond" nicht weniger.

Doch lassen wir diesen Aspekt beiseite und wenden uns stattdessen der Frage zu, was das Besondere, das Zauberhafte dieses Liedes ausmacht. Vielleicht erobert es unsere Herzen deshalb, weil in kaum einem anderen Lobpreis die Schönheit der Schöpfung in solch mitreißender Weise besungen wird. Es ist ein durch und durch diesseitiges Gebet. Kein Lied, das die Welt als das übliche Jammertal beschreibt, welches man gebeugt zu durchschreiten hat, um die jenseitige, die bessere Welt zu erreichen, kein Lied, das vertröstet, das künftige Freuden verspricht. Es ist ein Lied, das die Gegenwart heiligt, unser jetziges Leben hier auf der Welt; ein Lied, das das göttliche Wirken durch unsere Sinne fassbar werden lässt.

Das ist keineswegs eine Selbstverständlichkeit in der christlichen Glaubenslehre. Oft wurde die Welt nur als Herrschaftsbereich des Teufels gesehen, als sündig und vergänglich und daher minderwertig. Sie wurde damit in bewussten Gegensatz gesetzt zum Ewig-Guten und Unvergänglichen der himmlischen, der göttlichen Sphäre. Das Lied macht Schluss mit dieser künstlichen Zweiteilung, entreißt sozusagen die Welt dem Teufel, heiligt die Erscheinungen der Natur, indem sie beim Namen genannt und als Geschöpfe Gottes gepriesen werden, die wiederum ihren Schöpfer preisen. Das Lied besingt die Schönheit der Schöpfung in all ihren irdischen Facetten – angefangen mit der glänzenden Sonne und dem Mond und den Sternen als ihrem kostbaren nächtlichen Gegenstück.

Interessant ist der Aufbau der nun folgenden vier mittleren Strophen. Sie sind den vier Elementen gewidmet: Luft, Wasser, Feuer und Erde. Bruder Wind steht für das Element Luft, das leichte, belebende, für den Wolkenbringer, der das Wetter bestimmt und durch seinen steten Wechsel Segen spendet. Schwester Wasser ist das einfache und doch so kostbare Element, das jede Form annehmen kann und dabei absolut lebensnotwendig ist. Bruder Feuer ist der Kräftige, Schöne, der die Nacht erleuchtet und mit seiner Wärme und seinem leuchtenden Glanz der Sonne gleicht. Eine Schwester ist für uns Mutter Erde, die uns beständig erhält und leitet, deren fruchtbare Schwere uns und allen Lebewesen Halt gibt, die mannigfaltige Früchte hervorbringt, Kräuter und Blumen.

Die Lehre von den Elementen ist uralt und reicht weit hinter Franziskus zurück. Dass Franziskus sie aufnimmt, zeigt, wie sehr er sich mit dem antiken Schrifttum auseinandergesetzt hat.

Seltsam und berührend zugleich erscheint uns die neunte Strophe: „Lob sei dir, du Herre mein, durch unseren Bruder, den leiblichen Tod." Übernimmt man auch hier das romanische Geschlecht, so muss es heißen: „Gepriesen seist du, mein Herr, für unsere Schwester Tod." Bruder oder Schwester – Franziskus sieht den Tod in jedem Fall als geschwisterlichen Freund. Auch hier bricht er mit der christlichen Vorstellung, die den Tod üblicherweise als Feind ansieht, der bekämpft wird. Wie ist das zu erklären?

Als Franziskus diese Verse schrieb, stand ihm selbst der Tod vor Augen. Er gab ihm mit dieser Strophe ein freundliches Gesicht, öffnet ihm gewissermaßen die Arme, empfängt ihn herzlich, ohne Angst oder Scheu. Warum sollte er ihn auch fürchten? Es scheint, als würde er in Schwester Tod eine Gefährtin sehen, jemand, der ihm einen unbekannten Weg zeigt, eine Begleiterin, der er sich hoffnungsvoll anvertrauen kann. Das ist die große Leistung dieses Liedes, dass Franziskus es schafft, die so scharf und künstlich gezogenen dogmatischen Grenzen zu überschreiten und zusammenzufügen, was zusammengehört.

In allen irdischen Phänomenen, selbst im Tod, sieht Franziskus Gottes Wirken und Gottes Plan. Es gibt nichts und kann nichts geben, was außerhalb von Gottes Schöpfung steht. Wenn wir das erkennen, werden wir genau wie Franziskus in der Lage sein, mit offenen Augen und Herzen über die Schönheit von Gottes Schöpfung zu staunen und diese zu preisen.

Stille Nacht, heilige Nacht

DIE MÄUSE SOLLEN SCHULD gewesen sein. Sie hätten den Blasebalg zerfressen, damals, im Winter des Jahres 1818. Die kleine Orgel bringt keinen Ton mehr hervor – und das so kurz vor Weihnachten! Wie soll die Gemeinde nun auf würdige Weise die Heilige Nacht feiern?

Der junge Hilfspfarrer von St. Nicola in Oberndorf bei Salzburg besieht den Schaden mit Sorge. Welche Musik soll nun zum Lobe des Herrn erklingen, heute, in der Heiligen Nacht? Eine Christmette ohne Musik? Undenkbar! Er selbst spielt zwar etwas Gitarre, aber welchen Choral könnte man damit begleiten? Keines der bekannten Lieder würde taugen. Ein neues müsste her.

Gewiss, einen Text dafür hätte er schon. Zwei Jahre ist es her, man hatte ihn als Geistlichen in Mariapfarr bei Berchtesgaden eingesetzt, als er die Strophen niederschrieb. Ein hübsches Krippenlied, sehr anmutig, sehr romantisch. Nur einen kleinen, aber entscheidenden Fehler hat es – die Melodie fehlt ihm noch!

Der junge Pfarrer seufzt. Zum Dichter mag er taugen, nicht aber zum Komponisten. Nein, er braucht es gar nicht erst zu probieren, es wird ihm nicht gelingen. Wer aber käme dafür in Frage? So auf die Schnelle? Da gibt es nur einen!

Joseph Mohr eilt hinüber ins Pfarrhaus und kramt in der Schublade. Gott sei Dank, das Blatt ist noch da! Er liest das Lied noch einmal durch, alle sechs Strophen. Ja, auch heute noch ist er von seiner Wirkung überzeugt! Rasch wirft er sich seinen Mantel über und läuft hinaus in den Schnee, hinüber nach Arnsdorf. Dort wohnt Franz Gruber, der Lehrer und Aushilfsorganist. Die Lehrerstelle hat er bekommen, weil er bereit gewesen ist, die Witwe seines Vorgängers zu heiraten. Dreizehn Jahre älter ist die „Fischingerin", eine einfache Bauerntochter. Gruber kann komponieren, o ja, und gar nicht schlecht!

Mohr klopft am Schulhaus an. Zum Glück ist Gruber daheim. Der Auftrag ist rasch erteilt: Er möge eine passende Melodie für zwei Solostimmen samt Chor und Gitarrenbegleitung schreiben. Und die Bassstimme soll Gruber selbst übernehmen, während er, Mohr, den Tenor singen will. Gruber überfliegt den Text und nickt. Das dürfte zu schaffen sein!

Am Abend ist die kleine Kirche bis auf den letzten Platz gefüllt, wie stets in der Heiligen Nacht. Alle sind sie gekommen, das ganze Dorf. Streng getrennt von ihren Frauen sitzen die Männer, kräftige Burschen, denen man die harte Arbeit ansieht. Die meisten sind Bauern oder Schiffer, viele von ihnen leben nun in Armut. Durch die Napoleonischen Kriege sind die Grenzen neu gezogen. Die Oberndorfer gehören nicht länger zum reichen Salzburg, wo sie sich als Salzschiffer verdingen konnten. Salzschiffer, ein ehrbarer und lukrativer Beruf. Salz, das weiße Gold. Wer es besitzt, wer damit Handel treiben kann, dem ist ein guter Verdienst sicher. Doch damit ist es jetzt vorbei.

Auch Flößer sind unter den Männern, die die schweren Stämme die Salzach hinunterlotsen. Bis zum Inn und weiter flussabwärts. Jetzt im Winter ruht die Flößerei. Zu gefährlich wäre es, bei der Kälte auf dem Fluss unterwegs zu sein. Wenn die Festtage vorbei sind, gehen sie hinaus in die Wälder und schlagen die Bäume, die sie im Frühling zusammenbinden und die Salzach hinuntertreiben. Bäume fällen, auch keine ungefährliche Sache, zumal an den steilen Berghängen hier.

Aber nun ruht alle Arbeit, man freut sich auf das schönste Fest des Jahres, die Heilige Nacht, auf das Festessen danach, auf leuchtende Kinderaugen, auf fröhliche Tage in gut beheizten Stuben. Trotz der Armut soll es an nichts fehlen.

Die Glocke schwingt aus, die Christmette beginnt. Wie aber staunt die Gemeinde, als der junge Hilfspfarrer die Gitarre hervorzieht. Ein neues Lied will er mit ihnen singen, erklärt er, heute, in der Heiligen Nacht. Begleitet von Franz Gruber, dem Organisten, der den Bass singt.

Als die ersten Akkorde erklingen, wird es mucksmäuschenstill in der kleinen Kirche. Was für ein Lied! Ein jeder wird von ihm ergriffen, auch die härtesten Männer. Ja, selbst in ihren Augen glänzt es. Eine Melodie wie ein Wiegenlied, so leis', so eindringlich schön. Text und Melodie ergänzen sich zu einer großen Harmonie (EG 46, GL 145):

Stille Nacht, heilige Nacht!
Alles schläft, einsam wacht
nur das traute, hochheilige Paar.
Holder Knabe im lockigen Haar,
schlaf in himmlischer Ruh,
schlaf in himmlischer Ruh!"

So schlicht. So einfach. So menschlich und göttlich zugleich. Fünf weitere Strophen folgen. Die Hirten, die Engel, die Liebe, die uns aus dem Knaben entgegenlacht. Die uralte Geschichte aus dem Stall von Bethlehem. Nicht mehr und nicht weniger. So oft schon erzählt, aber noch nie in solch einem bezaubernden Lied. Manch einer wird es auf dem Nachhauseweg durch den glitzernden Schnee noch einmal gesummt haben.

Von der kleinen Kirche in Oberndorf wandert das Lied hinaus in die Welt. Zunächst wird es durch den bekannten Orgelbauer Karl Mauracher in Tirol populär. Zwei musizierende Handwerkerfamilien aus dem Zillertal, die Strassers und die Rainers, nehmen es in ihr Repertoire auf und verzaubern mit ihm Zuhörer in ganz Deutschland.

1822, als Zar Alexander I. zu Gast ist, tragen es die Rainers auf Schloss Fügen Kaiser Franz I. vor. 1839 gehen sie auf Tournee nach New York. Vor der Ruine der ausgebrannten Trinity Church erklingt „Stille Nacht, heilige Nacht" zum ersten Mal in Amerika.

Es ist wohl das weltweit beliebteste Weihnachtslied, ja manche sagen sogar, das bekannteste Lied überhaupt. In alle Sprachen wurde es übersetzt, keine Christnacht, in der es nicht gesungen wird. Oft als Schlusslied, wenn alle Lichter gelöscht werden und nur noch die Kerzen des Baumes die Kirche erhellen. Und selbst flüchtigen Kirchgängern kann es dann passieren, dass ihnen die Stimme vor Rührung versagt. Manch einer mag froh darüber sein, dass die Dunkelheit seine Tränen verbirgt, und schimpft sich selbst einen rührseligen Ochsen …

Man braucht sich seiner feuchten Augen nicht zu schämen! Denn die Rührung ist mehr als eine kitschige Gefühlsregung. Sie ist mehr als der Ausdruck von Nostalgie, mehr als die Erinnerung an eine heile, glückliche Zeit. Die Tränen sind ureigenster Ausdruck der Liebe, der überwältigenden Liebe zu diesem göttlichen Kind, in dem sich die Liebe Gottes spiegelt. In dem kleinen, so zerbrechlich wirkenden Kind in der Krippe hat Gott menschliche Gestalt angenommen:

Christ, der Retter, ist da,
Christ, der Retter, ist da!

Joseph Franz Mohr

Der Dichter der „Stillen Nacht" wurde am 11. Dezember 1792 in Salzburg als Sohn eines Musketiers geboren. Zum Zeitpunkt seiner Geburt waren seine Eltern nicht verheiratet gewesen, weshalb später ein päpstliches Votum nötig wurde, um ihn zum Priester weihen zu können.

Neben dem bekannten Weihnachtslied, das er uns schenkte,

hinterließ Joseph Franz Mohr durch sein soziales Engagement
segensreiche Spuren. So veranlasste er in Wagrain, seiner letzten
Pfarrstelle, einen Schulneubau und sorgte durch die Errichtung
eines Fonds dafür, dass Kindern aus armen Familien das Schul-
geld erlassen wurde. Auf seine Initiative geht auch der Bau eines
später geschaffenen Armen- und Altenheims zurück. Josef Franz
Mohr starb mit sechsundfünfzig Jahren am 4. Dezember 1848,
dem Revolutionsjahr, an einem Lungenleiden und wurde auf
dem Wagrainer Friedhof bestattet.

Um von dem Dichter des berühmten Liedes eine Büste zu
schaffen, wurde viele Jahrzehnte später sein Leichnam exhu-
miert. Nach dem knöchernen Schädel wurde sein Gesicht in
Bronze nachgebildet. Den Schädelknochen, der lange Zeit auf
der örtlichen Polizeistation aufbewahrt worden war, bestattete
man später als Reliquie in dem Altar der örtlichen Kirche.

Von Joseph Mohr stammt noch ein weiteres Lied, die Hymne
„Ein Haus voll Glorie schauet" (GL 639). Allerdings handelt es
sich hierbei um einen anderen Mohr, einen späteren Namens-
vetter, der als Jesuitenpater in Köln dieses beliebte Kirchenlied
erst 1876 (also 28 Jahre nach dem Tod des Dichters der „Stillen Nacht") zu Papier brachte (vgl. auch: „Die Marseillaise der
Revolution").

Franz Xaver Gruber

Franz Xaver Gruber, der Komponist des Liedes, war der Sohn
eines armen Leinenwebers aus Unterweitzheim (Gemeinde
Hochburg-Ach), wo er am 25. November 1787 das Licht der Welt
erblickte. Bis zum achtzehnten Lebensjahr half er seinem Vater
am Webstuhl.

Der örtliche Organist der Stadtpfarre erkannte sein musikalisches Talent und nahm ihn als Schüler auf. Gruber begann

ebenfalls eine Ausbildung zum Lehrer. Die Schule in Arnsdorf, seiner ersten Lehrerstelle, wo er die Melodie von „Stille Nacht, heilige Nacht" komponierte, ist die älteste noch heute genutzte Schule Österreichs.

Nach dem Tod seiner um dreizehn Jahre älteren Frau heiratete Gruber eine ehemalige Schülerin, die ihm zehn Kinder schenkte. Als auch sie starb, heiratete der Musiker ein drittes Mal. Zuletzt war er Stadtpfarrchorregent in Hallein, komponierte viele heute weitgehend in Vergessenheit geratene Werke und starb am 7. Juni 1863 mit sechsundsiebzig Jahren als angesehener und wohlhabender Bürger.